CB060483

A EDUCAÇÃO
NACIONAL

JOSÉ VERISSIMO

A EDUCAÇÃO
NACIONAL

> Este livro, quero que seja um protesto, um grito de alarma de *são brazileirismo*, um brado de enthusiasmo para um futuro melhor.
>
> SYLVIO ROMÉRO, *Hist. da Litt. Braz.*

Pará

EDITORES — TAVARES CARDOSO & C.ª
LIVRARIA UNIVERSAL

MDCCCXC

Folha de rosto da 1ª edição. Acervo da Academia Brasileira de Letras.

JOSÉ VERÍSSIMO

A EDUCAÇÃO NACIONAL

4ª edição

INTRODUÇÃO
José Murilo de Carvalho

Copyright © 2013 Topbooks
2ª ed: 1906, 3ª ed: 1985

EDITOR
José Mario Pereira

EDITORA PUC MINAS

EDITORA ASSISTENTE
Christine Ajuz

DIRETOR
Patrus Ananias de Sousa

REVISÃO
Rosy Lamas

COORDENAÇÃO EDITORIAL
Cláudia Teles de Menezes Teixeira

CAPA
Adriana Moreno

DIAGRAMAÇÃO
Arte das Letras

CIP-BRASIL. CATALOGAÇÃO-NA-FONTE
SINDICATO NACIONAL DOS EDITORES DE LIVROS, RJ

V619e
4. ed.

Veríssimo, José, 1857-1916
A educação nacional / José Veríssimo; introdução José Murilo de Carvalho. – 4. ed. – Rio de Janeiro: Topbooks; Belo Horizonte, MG: Puc-Minas, 2013.

189 p.; 23 cm.

ISBN 978-85-7475-222-8

1. Educação – Brasil. I. Título.

13-03301
CDD: 370.981
CDU: 37(81)

TODOS OS DIREITOS RESERVADOS POR
Topbooks Editora e Distribuidora de Livros Ltda.
Rua Visconde de Inhaúma, 58 / gr. 203 – Centro
Rio de Janeiro – CEP: 20091-007
Telefax: (21) 2233-8718 e 2283-1039
E-mail: topbooks@topbooks.com.br
Visite o site da editora para mais informações
www.topbooks.com.br

EDITORA PUC MINAS
Rua Dom Lúcio Antunes,180 – Coração Eucarístico
Belo Horizonte – CEP: 30535-630 – MG
Fone: (31) 3319-9904 / Fax: (31) 3319-9901
editora@pucminas.br / www.pucminas.br/editora

SUMÁRIO

O NACIONALISMO CRÍTICO DE JOSÉ VERÍSSIMO
José Murilo de Carvalho 11
INTRODUÇÃO DE 1906: A instrução no Brasil atualmente 29
INTRODUÇÃO DA PRIMEIRA EDIÇÃO 61
    I – A Educação nacional 77
    II – As características brasileiras 85
    III – A educação do caráter 99
    IV – A educação física 109
    V – A geografia pátria e a educação nacional 123
    VI – A história pátria e a educação nacional 133
    VII – A educação da mulher brasileira 151
    VIII – Brasil e Estados Unidos 171
    CONCLUSÃO 187

Este livro, quero que seja um protesto, um grito de alarma de *são brasileirismo*, um brado de entusiasmo para um futuro melhor.

Sílvio Romero | *História da Literatura Brasileira*

JOSÉ VERISSIMO

A EDUCAÇÃO
NACIONAL

> Este livro, quero que seja um protesto, um grito de alarma de *são brazileirismo*, um brado de enthusiasmo para um futuro melhor.
>
> SYLVIO ROMÉRO, *Hist. da Lit. Braz.*

SEGUNDA EDIÇÃO
augmentada de uma introducção e de um capitulo novos.

LIVRARIA FRANCISCO ALVES
134, RUA DO OUVIDOR, 134 — Rio de Janeiro

S. PAULO	BELLO HORISONTE
45, Rua de S. Bento, 45	Rua da Bahia

1906

Folha de rosto da 2ª edição.

INTRODUÇÃO

O NACIONALISMO CRÍTICO DE JOSÉ VERÍSSIMO

José Murilo de Carvalho

José Veríssimo é conhecido como um dos pais da crítica literária no Brasil, ao lado de Sílvio Romero e Araripe Júnior. À crítica e à história da literatura brasileira dedicou o melhor de seus esforços e boa parte de seus escassos 59 anos de vida. Menos conhecida e reconhecida é sua também importante atuação como professor, educador, fundador de escolas, administrador escolar e, sobretudo, pensador da educação. Foi nessa última condição que publicou em 1890, aos 30 anos de idade, quando ainda residente em Belém, um livro excepcional, intitulado *A educação nacional.* Talvez por causa de seu conteúdo fortemente crítico, o livro só teve uma segunda edição durante a vida do autor, em 1906, feita pela livraria Francisco Alves do Rio de Janeiro.

Terceira edição só apareceu em 1985, quase 80 anos depois, com estudo introdutório de João Alexandre Barbosa, a cargo da Mercado Aberto, de Porto Alegre. Três edições em 120 anos, e apenas uma delas de alcance nacional. É muito pouco para um livro pioneiro, original e corajoso, portador de uma análise contundente de nosso sistema educacional e de um dramático apelo no sentido da nacionalização do conteúdo de nossa educação. Impõe-se, portanto, nova edição.

A EDUCAÇÃO NACIONAL: UM LIVRO IMPROVÁVEL

José Veríssimo afirma ter escrito *A educação nacional* "do fundo da sua obscuridade provinciana". De fato, aos olhos dos intelectuais residentes na corte, ele era isso mesmo, um obscuro provinciano. Nasceu em Óbidos em 1857, filho de médico militar.[1] Fez estudos de primeiro grau em Manaus e frequentou um seminário, em Belém, durante três anos. Obedecendo à prática comum entre jovens da época dotados de alguma ambição e recursos, seguiu para o Rio de Janeiro a fim de completar os estudos preparatórios e ingressar no ensino superior. Chegou à corte em 1869, aos 12 anos de idade, e hospedou-se com um tio advogado. Completou o ensino médio no Colégio Vitório e no Pedro II, e matriculou-se no curso de Engenharia da Escola Politécnica. A escolha desse estabelecimento de ensino deveu-se sem dúvida à insuficiência de recursos da família para custear estudos nas áreas mais prestigiosas de Medicina e Direito. Mas só completou o primeiro ano. Por razões de saúde, teve que cancelar a matrícula e regressar a Belém, o que fez em 1876, aos 19 anos.

Na capital paraense não havia escolas de ensino superior. Depois de trabalhar na Companhia de Navegação do Amazonas, ingressou no serviço público provincial. Entre 1880 e 1881, esteve na Europa em tratamento de saúde. Em Lisboa, participou de um Congresso Literário Internacional. Regressou ao Brasil com o interesse despertado pelo tema da educação. Em 1883, criou a Sociedade Paraense Promotora da Instrução. No ano seguinte, fundou o Colégio Americano, de que foi diretor até 1890. Esteve novamente na Europa em 1889, assistindo dessa vez a um Congresso de Antropologia e Pré-história, realizado em Paris. Ao voltar, já proclamada a República, foi nomeado, em 1890, Diretor da Instrução Pública do novo estado do Pará. Tinha 33 anos e estava casado desde 1884 com a professora Maria Elói Tavares.

---

[1] Ver a biografia escrita por seu filho, Ignácio José Veríssimo, *José Veríssimo visto por dentro* e de Francisco Prisco, *José Veríssimo, sua vida e suas obras*.

A nomeação deveu-se seguramente ao fato de ter sido fundador, juntamente com Lauro Sodré, em 1886, do Clube Republicano do Pará. No mesmo ano de 1890, publicou em Belém *A educação nacional*. No ano seguinte, deslocou-se, agora definitivamente, para o Rio de Janeiro, já então capital federal. Ter sido republicano histórico e ter-se dedicado à educação lhe valeram, logo em 1892, uma nomeação para a direção do Externato do Ginásio Nacional, nome republicano do Colégio de Pedro II. Exerceu o cargo até 1898. Nomeação tão rápida de um provinciano sem título de bacharel, engenheiro ou médico, em meio à corrida geral por empregos precipitada pela proclamação da República, e por ele mesmo denunciada no prefácio da segunda edição do livro, não deixou de ser surpreendente.

Ao chegar à capital, José Veríssimo era, de fato, um obscuro provinciano, se por isso se entender, como ele entendia, alguém que tinha vivido em uma das províncias mais distantes do centro político e cultural do país. De Belém, era mais rápido passar a Lisboa do que ao Rio de Janeiro. Além da distância, e em parte por causa dela, a província do Pará desenvolvera tradição de independência em relação ao Rio de Janeiro. Nos tempos coloniais, por mais de cem anos constituíra, juntamente com o Maranhão, um estado distinto do Estado do Brasil. Durante a Regência, os líderes da Cabanagem chegaram a separá-la do Império. A derrota dos cabanos e a consequente manutenção da província dentro da comunidade brasileira só foram conseguidas ao terrível preço de cerca de 30 mil vidas e incontáveis barbaridades. Diante desse pano de fundo, a permanência de alguns anos do adolescente José Veríssimo, no Rio de Janeiro, não deve ter sido suficiente para alterar seu modo de sentir e pensar.

Mas, é preciso ressalvar que o provincianismo de José Veríssimo referia-se ao Rio de Janeiro apenas, onde era desconhecido. Suas duas viagens à Europa lhe tinham proporcionado uma visão cosmopolita que se refletiu claramente em sua obra de crítico literário. Nela se pode verificar a preocupação constante em acompanhar o que se passava no exterior em matéria de Literatura e Filosofia. Prova disso é a coletânea intitulada *Homens e coisas estrangeiras*, publicada originalmente em três séries entre 1902 e 1908 e recentemente reeditada em um volume.[2]

De um provinciano se espera uma visão provinciana, voltada para assuntos locais e provinciais, alheia, se não hostil, ao nacional. Foi essa a postura de muitos intelectuais que se mantiveram afastados do centro político do país. Ao contrário, a quase totalidade dos que se deslocaram para o Rio de Janeiro, não importando de onde viessem, nacionalizaram-se, tornaram-se brasileiros, quer dizer, passaram a ver o país como um todo, sem com isso abandonarem seu patriotismo local. Foi esse o caso, por exemplo, de Sílvio Romero, mais tarde grande rival de José Veríssimo na crítica literária, mas cujo elogio ao 'brasileirismo' de *A educação nacional* foi usado como epígrafe na página de rosto da primeira edição. O sergipano Sílvio Romero, nascido em 1851, estabeleceu-se definitivamente no Rio de Janeiro em 1875 e conquistou, cinco anos depois, a cátedra de Filosofia do Pedro II. Salientou-se sempre pela cobrança de brasilidade em nossos escritores, a ponto de não fazer justiça à obra de Machado de Assis.

Apesar de sua formação, em A *educação nacional* José Veríssimo revela-se como um brasileiro, como alguém tomado de 'velha preocupação de nacionalismo'. Mais ainda, denuncia o provincialismo [sic] e o sentimento local, que chama de 'bairrismo', como causas, entre outras, da ausência de 'brasileirismo', de sentimento nacional. Escreve: "Há baianos, há paraenses, há paulistas, há rio-grandenses. Raro existe o brasileiro. É frase comum: *Primeiro sou paraense* (por exemplo) *depois sou brasileiro.* Outros dizem: *a Bahia é dos baianos, o Brasil é dos brasileiros.*" (p. 67, ênfase do autor).[3] No Pará, informa, havia mesmo hostilidade contra brasileiros oriundos de outras províncias, chamados de *barlaventistas*.

Estava longe de negligenciar sua província. Viajara pelo interior da Amazônia, conhecera várias partes dela quando trabalhara para a Companhia de Navegação, e os primeiros estudos que publicou

---

[2] José Veríssimo. *Homens e coisas estrangeiras, 1889-1908*.
[3] Não havendo indicação em contrário, as citações são da segunda edição.

referiam-se à sua terra natal. No congresso de antropologia de que participou em Paris, apresentou trabalho sobre a antiga civilização amazônica. Em 1883, criou e dirigiu a *Revista Amazônica*. Em 1886, publicou *Cenas da vida amazônica*. Em 1892, publicaria *A Amazônia*. No entanto, ao mesmo tempo em que produzia os primeiros trabalhos sobre sua terra, escrevia sobre o Brasil e a literatura brasileira. A primeira série de *Estudos brasileiros (1877-1885)* foi publicada em 1889, antes mesmo de *A educação nacional*. Um dos capítulos do livro intitulava-se sintomaticamente "Do nacionalismo na poesia brasileira".

A única explicação que encontro para a presença desse forte brasileirismo em um paraense republicano e federalista está dentro de sua própria família. O autor de *A educação nacional* era filho de José Veríssimo de Matos, um médico do Exército, e nascera na colônia militar de Óbidos. Em Manaus, morou com o tenente-coronel Inocêncio de Araújo, amigo de seu pai. Uma das características que distinguiam os militares brasileiros de seus pares na América Latina era sua orientação nacional, seu recrutamento endogâmico, dentro da própria corporação, e a ausência de fortes vinculações com setores dominantes da sociedade, como os grandes comerciantes e os senhores de terra. Embora fosse médico, o doutor José Veríssimo de Matos seguramente absorvera os valores e a visão nacional dos militares, o mesmo podendo ser dito, com mais razão, do amigo tenente-coronel.

Da experiência europeia, José Veríssimo aprendeu a importância de estudar as PRÁTICAS de outros povos, de adotar o método comparativo de análise. Nesse ponto, a maior proximidade geográfica entre Belém e o continente europeu lhe foi benéfica. O fato de se ter relacionado diretamente com a Europa sem a intermediação do Rio de Janeiro pode ter sido uma vantagem. O mesmo contato, realizado a partir da capital do país, sobretudo nos anos DO FIM DO SÉCULO, conhecidos como *Belle Époque* carioca, degenerou num francesismo acrítico que beirava o ridículo. O provinciano paraense aproximou-se da Europa e dos Estados Unidos sem cair no bovarismo, incorporando seletivamente ideias e práticas que julgava úteis ao país.

A abertura para valores externos vacinou-o também contra a doença oposta ao bovarismo, o patriotismo ingênuo e xenófobo. Ele criticava o Brasil, mas não pregava a imitação de qualquer país. Já na primeira edição de *A educação nacional,* deixou claro que julgava falso o patriotismo que se baseasse na ocultação dos vícios nacionais, assim como era mau patriota quem se limitasse a apregoar tais vícios sem desenvolver qualquer esforço para os corrigir. Essa postura foi grandemente acentuada no prefácio da segunda edição.

A residência em Belém afetou ainda, desta vez sem vantagem, a qualidade da informação que José Veríssimo tinha sobre a educação nacional. Era mais fácil, como ele mesmo disse, encontrar livros e revistas estrangeiros em Belém do que publicações nacionais. Esse isolamento foi, sem dúvida, responsável pelo quadro exageradamente negativo que pintou da educação nacional. Ele seria verdadeiro para as províncias, não para a capital do país. De fato, desde o início da década de 1870, desenvolvera-se no Rio de Janeiro intenso debate sobre educação, seguido de importantes medidas. Para citar algumas, em 1873 tiveram início as "Conferências populares da Glória", coordenadas pelo senador Manoel Francisco Correia. Eram palestras públicas a que com frequência o Imperador comparecia. De novembro de 1873 a outubro de 1880, foram pronunciadas 346 delas, sem dúvida a mais longa e variada série de palestras públicas já realizadas no país sobre qualquer assunto. Nada menos que 112 tinham por tema a educação, entendida em todas as suas dimensões. Falou-se sobre ensino primário, secundário e superior, sobre educação física, educação das mulheres e dos filhos dos proletários, educação pública e particular, ensino obrigatório, pedagogia, didática, ensino da história e da geografia etc.[4]

Em 1876, por empenho do Imperador, fora criada em Ouro Preto uma Escola de Minas que, sob a direção de Henri Gorceix,

---

[4] Ver Maria Rachel Fróes da Fonseca. "As 'Conferências populares da Glória': a divulgação do saber científico". *Manguinhos. História, Ciência, Saúde.* V. II, 3 (nov. 1995-fev. 1996), 135-166.

ex-aluno de Pasteur, inaugurara no país o ensino moderno da química, física, geologia e mineralogia. Os alunos eram obrigados a fazer pesquisa de campo, a usar laboratórios, afastando-se do vício brasileiro, denunciado por Gorceix, de estudar a natureza nos livros.[5] A filosofia da Escola de Minas atendia plenamente à preocupação de José Veríssimo: todo o ensino e a pesquisa visavam preparar os alunos para o aproveitamento dos recursos minerais do país. Em 1879, fora implantada a reforma do ministro Carlos Leôncio de Carvalho que introduzira mudanças no ensino primário e secundário da corte e no superior em todo o Império. Fora, então, adotado o ensino livre, reformulados os conteúdos e métodos de ensino, incentivadas a criação de escolas normais e a co-educação.

Para rever essa reforma, criara-se uma comissão na Câmara em 1882. O relator da comissão, Rui Barbosa, produzira, como era de esperar, um monumental parecer em que pregava a reforma radical de todo o ensino nacional, do primário ao superior. O caudaloso relator citou nada menos que 365 trabalhos, escritos em seis idiomas diferentes. Em 1883, organizara-se na capital um Congresso de Instrução acompanhado de uma exposição pedagógica e da criação de um Museu Escolar, inaugurado com a presença do imperador. De tudo isso, José Veríssimo só registrou, e rapidamente, o parecer de Rui Barbosa.

Outra lacuna do livro certamente não era devida à falta de informação, mas a preconceito político. Em *A educação nacional* não aparece uma só vez o nome de D. Pedro II. No entanto, gostando-se dele ou não, o imperador fora, sem dúvida possível, um governante que se preocupara muitíssimo com a educação. Ela constituía, para ele, nada menos que a condição indispensável para o funcionamento adequado do parlamentarismo entre nós. Mesmo morando em Belém, não é de crer que José Veríssimo ignorasse a posição de D. Pedro II, nem o fato de que o imperador costumava visitar escolas em qualquer lugar onde estivesse, no Brasil ou no exterior, sem discriminar tipo ou nível de ensino. Na corte, assistia

---

[5] Sobre a Escola de Minas, ver José Murilo de Carvalho, *A Escola de Minas: o peso da glória*.

a quase todos os concursos para contratação de professores na Faculdade de Medicina, Escola Militar, Politécnica, e Escola Normal. Não por acaso, o nível de analfabetismo na capital era de 50%, ao passo que o do país era de 85%. A injustiça não foi corrigida nem mesmo no prefácio da segunda edição, quando o imperador já estava morto e José Veríssimo já reconhecera o fracasso da República na área do ensino, afirmando, sem hesitação, não haver então no país "um só estadista, um só homem político, um só dos nossos dirigentes que cogite seriamente, praticamente nessa questão ou que sinceramente dela se preocupe" (p. 54). Mas já houvera um, que ele escolheu não reconhecer.

Tais senões em nada reduzem o valor e a contundência da análise apaixonada feita em *A educação nacional*. Ela era fundamentalmente correta porque aplicável plenamente às províncias que, afinal, representavam a maior parte do país. Era também aplicável ao Município Neutro em seu ponto central, a ausência de conteúdo brasileiro nos currículos das disciplinas e de preocupação com a formação de cidadãos. As eventuais deficiências de informação também não afetam o fato extraordinário de ter sido o livro um grito de brasilidade lançado fora do centro político nacional.

EDUCAÇÃO, NAÇÃO E ESPERANÇAS REPUBLICANAS.

Ao estudar o sistema educacional e o conteúdo dos currículos escolares em outros países, sobretudo na Inglaterra, Alemanha, França e Estados Unidos, José Veríssimo se deu conta do papel crucial que eles representavam para a formação e consolidação do sentimento nacional. Esse papel era exercido, sobretudo, pelo ensino da História e da Geografia. As duas disciplinas eram vistas nesses países, e em toda a Europa do século XIX, como estratégicas para a construção dos estados nacionais. A geografia importava porque se ocupava do território do país, sua delimitação, constituição e riqueza, e também da população com todas as suas características econômicas, sociais e culturais. Território e população eram, e ainda são, elementos constitutivos indispensáveis de um estado nacional. A história completava o quadro tratando das experiências comuns, das conquistas, das lutas, dos grandes homens, da construção da memória, de tudo que pudesse gerar e fortalecer o sentimento de pertencimento à comunidade nacional.

José Veríssimo participava dessa convicção, como deixou muito claro em *A educação nacional*. No capítulo V, escreveu o seguinte: "[...] o conhecimento do país em todos os seus aspectos, que todos se podem resumir em dois – geográfico e histórico – é a base de todo o patriotismo esclarecido e previdente" (p. 128). Examinando o tipo de educação praticado no Brasil, verificou a distância que nos separava dos países que estudara. Constatou, sobretudo, a ausência de Brasil em nosso currículo escolar, até mesmo no ensino da Geografia e da História, que pecava pelo conteúdo e pela didática. O ensino da primeira conferia muito pouco espaço ao Brasil. Brasileiros havia que conheciam melhor a geografia da Europa do que a de seu país. O da segunda recorria a manuais estrangeiros, não utilizava mapas e atlas e, sobretudo, baseava-se na simples enumeração e nomenclatura, ignorando inovações pedagógicas já introduzidas em outros países.

"Se o brasileiro ignora a geografia pátria, mais profunda é ainda a sua ignorância da história nacional", afirmou na primeira frase do capítulo VI (p.133), dedicado à análise do ensino da História. Não conhecíamos e, portanto, não cultivávamos o passado. Não tínhamos museus, monumentos, coleções, festas e um ensino que nos transmitisse um sentido de comunidade nacional e de patriotismo. Ensino de história pátria entre nós não existia, ou só existia nos programas e era dado em manuais estrangeiros de mau conteúdo e pior apresentação. A exceção era a *História geral do Brasil*, do visconde de Porto Seguro. No nível primário, os professores limitavam-se a forçar os alunos a recitarem uma estúpida lista de nomes e de fatos. Fora da escola havia, é verdade, a preciosa revista do Instituto Histórico e Geográfico Brasileiro. Mas ela era, segundo José Veríssimo, desconhecida fora do Rio de Janeiro.

Além do ensino de uma geografia e uma história pátrias, José Veríssimo julgava que a educação nacional devia cuidar também da formação do caráter do cidadão. Marcada pela experiência da escravidão, a população brasileira ressentia-se da falta de energia moral. Nosso caráter era marcado pela indolência, apatia, passividade, falta de competitividade, de orgulho nacional. Cabia à educação em geral, inclusive física, corrigir esses defeitos.

Para demonstrar a necessidade de uma educação nacional, formadora de cidadãos, José Veríssimo elaborou no segundo capítulo de *A educação nacional*, intitulado "As características brasileiras", um diagnóstico do patriotismo no Brasil. Esse capítulo por si só credenciava o autor a ocupar um lugar na galeria dos intérpretes do Brasil, ao lado de seus contemporâneos Sílvio Romero, Joaquim Nabuco e Manoel Bomfim, embora tal título nunca lhe tenha sido conferido. O Brasil, mais que os Estados Unidos, afirmou, possui caráter nacional, território, língua, religião comuns. Mas não tem sentimento nacional forte, ao contrário dos Estados Unidos. Nossa educação cívica tem-se limitado às lutas partidárias em que predominam a chicana, a intriga, o mexerico. Nada se faz entre nós pelo trabalho, pelo esforço próprio, tudo se consegue pelo empenho. Somos um povo honesto que faz uma política imoral que é a vergonha da pátria.

Antecipou de um século, concordando com Sílvio Romero, um tema que desenvolvi, sem conhecimento de seu texto, a partir de uma pesquisa de 1996 e a que dei o título de edenismo, ou seja, a exaltação da natureza como motivo de orgulho em detrimento de características nacionais. No Brasil, disse ele no prefácio à primeira edição, não temos orgulho nacional. Em vez de nos vangloriarmos de nossos grandes homens e de suas obras, como o fazem outros povos, é à natureza que recorremos em busca de motivos de orgulho. Quando nos falam de grandes homens, "nós contestamos-lhes com o 'majestoso Amazonas', as 'soberbas florestas', os 'rios gigantes', quando não vamos até errar a geografia pátria falando em 'montanhas que tocam as nuvens'" (p. 65).[6]

---

[6] Ver José Murilo de Carvalho. "O motivo edênico do imaginário social brasileiro". *DADOS, Revista de Ciências Sociais*, 38 (outubro, 1998), 63-79.

José Veríssimo é particularmente agudo na avaliação dos efeitos deletérios da escravidão. Denunciou os danos por ela causados aos valores, à moral e ao caráter dos brasileiros: "Não é possível exagerar os males que nos trouxe a escravidão" (p. 94). Esses males incluíam o desprezo pelo trabalho manual, a indolência, a corrupção da família, a perversão da noção de autoridade. Um dos produtos mais nocivos da escravidão seria a mulata que contribuiu com seus dengues para o amolecimento de nosso caráter. São páginas que lembram *O abolicionismo* de Joaquim Nabuco e antecipam de muitos anos ideias de Gilberto Freyre e Sérgio Buarque de Holanda.

A primeira edição de *A educação nacional* foi publicada logo após a proclamação da República. Na introdução à segunda edição, José Veríssimo confessou ter escrito o livro num "verdadeiro alvoroço de entusiasmo", "na doce ilusão e fagueira esperança", de que o novo regime iria corrigir os vícios que por tanto tempo seus propagandistas tinham denunciado, inclusive os que atingiam a educação (p. 29). Em suas palavras: "Nós tivemos já a reforma radical no governo, cumpre-nos completar a obra da revolução pela reforma profunda da nossa educação nacional" (p. 63).

DECEPÇÃO REPUBLICANA E REVISÃO DO PATRIOTISMO

Entre a primeira e a segunda edições muitas coisas aconteceram ao país e ao autor. No país, o novo regime enfrentou grandes tormentas políticas, a revolta da Armada, a revolta Federalista, Canudos, as constantes agitações na capital federal. Relativa tranquilidade só veio no governo de Campos Sales, em 1898. No governo de Floriano Peixoto, muitos intelectuais foram perseguidos e forçados a deixar a capital. Para José Veríssimo, no entanto, as coisas não andaram mal. Além de ter conseguido um bom emprego público na direção do Externato do Ginásio Nacional, onde ensinavam Sílvio Romero e Capistrano de Abreu, foi nomeado regente de turma de Pedagogia e catedrático de Português na Escola Normal. Retomou, em 1895, a publicação da *Revista Brasileira*. Da

Revista, em parte como fruto de seu esforço de aglutinação de intelectuais acima das dissensões partidárias, surgiu a Academia Brasileira de Letras, de que foi um dos fundadores em 1897. Antes, em 1894, publicara a segunda série dos *Estudos Brasileiros* e, em 1901, a primeira série dos *Estudos de literatura brasileira,* seguida em 1902, da 1ª série de *Homens e coisas estrangeiras.* No entremeio, publicou um livro sobre a Amazônia em 1892 e vários artigos sobre educação. No ano da publicação da segunda edição, conquistou por concurso a cátedra de História do Externato do Ginásio Nacional. Reinasse ainda o Imperador, teria com certeza assistido à defesa de sua tese.

A segunda edição distinguiu-se da primeira pelo novo prefácio e também por um capítulo adicional sobre a educação das mulheres. Interessa-me aqui o novo prefácio, intitulado "A instrução no Brasil atualmente". Nele, José Veríssimo mostra-se decepcionado com a ação do novo regime na área da educação e admite a ingenuidade de seu entusiasmo inicial. Fora, é verdade, criado um Ministério da Instrução Pública. Mas, segundo afirma, a motivação principal de sua criação não tinha sido promover a educação, mas criar uma justificativa para afastar o general Benjamin Constant da pasta da Guerra. Como ministro, Benjamin realizara uma reforma educacional que revelava boa intenção, mas escasso espírito prático. Melancolicamente, José Veríssimo observa que a única parte da reforma realmente colocada em prática fora a referente aos aumentos de empregos e vencimentos. Os republicanos "acudiam famélicos à manjedoura do orçamento". Cadeiras eram concedidas sem concurso, apenas como prêmio de serviços prestados ou de boas intenções políticas.

Muitos estados tinham copiado a reforma federal, mas neles, ainda segundo o autor, a politicagem fora ainda mais insaciável nas nomeações para os cargos de professores dos novos liceus e escolas normais. Surgira a próspera indústria do ensino particular, de natureza meramente mercantilista, beneficiada por liberalidades e regalias concedidas pelo governo. Apesar de ser contra o estatismo, como bom discípulo de Spencer que era, José Veríssimo julgava que, nas condições em que se encontrava o Brasil, fazia-se ainda indispensável a ação estatal no campo da educação. As escolas particulares brasileiras eram de má qualidade, pois dependiam exclusivamente das contribuições dos alunos para se manterem. Coisa diferente se passava no ensino privado nos Estados Unidos que se beneficiava dos milhões de dólares doados por particulares. Sua conclusão é melancólica: "Tudo na realidade continuou como dantes. Ou, mais exatamente, piorou" (p. 48). O ministério da Instrução Pública foi extinto e a educação desapareceu até mesmo das mensagens presidenciais.

Curiosamente, José Veríssimo não comenta os seis anos durante os quais esteve à frente do Externato do Ginásio Nacional, nem menciona as medidas adotadas para pôr em prática suas propostas de reforma. O Ginásio Nacional, seguindo a tradição do Colégio de Pedro II, continuou sendo na República a instituição que servia de modelo para todo o ensino médio do país. Um modo de verificar o possível impacto da administração de José Veríssimo seria examinar o conteúdo e o número de cadeiras de Geografia lá oferecidas. Tal exame foi feito para o período entre 1882 e 1912.[7] Ele mostra que não houve ruptura em relação ao Império, embora alguma modificação se tenha verificado. O número de cadeiras variou de quatro em 1882, atingindo o máximo de seis em 1898, e caindo para três em 1912. Houve aumento, a partir de 1892, de cadeiras e lições sobre o Brasil até 1912, quando há redução para o mesmo nível de 1882. Pouca mudança se verificou também na escolha dos manuais.

Não há evidência de qualquer impacto da ação de José Veríssimo, talvez porque os programas obedecessem às determinações contidas nas reformas do ensino decretadas pelo governo. Além da de Benjamin Constant em 1890, houve outra, de Epitácio Pessoa, em 1898 e uma terceira, de Rivadávia Correa, em 1912. O que, sim, pode revelar o dedo de José Veríssimo é a alteração do método de ensino da Cartografia nos programas de

---

[7] Ver Mônica Sampaio Machado em "José Veríssimo e a proposta de geografia pátria na Primeira República brasileira", trabalho apresentado em disciplina oferecida pelo autor no curso de pós-graduação em História Social da UFRJ,

1895 e 1898, período em que o autor ainda se achava à frente do Ginásio. Foi nesses anos adotado um método aplicado na Alemanha e elogiado em *A educação nacional*. Consistia ele em fazer o aluno começar o estudo pela localidade de sua escola e daí progressivamente chegar ao país. Segundo José Veríssimo, o método demonstraria como o estudo da Geografia era um elemento de educação nacional e de estímulo ao patriotismo. Em 1912, o método não foi mais mencionado, indicação de que talvez tivesse sido abandonado.

Em avaliação final, não se fica sabendo ao certo se a pequenez das mudanças se deveu a resistências encontradas ou à influência da política denunciada pelo autor. É curioso, por exemplo, que a reforma de Epitácio Pessoa eliminou a cadeira de Corografia e História do Brasil, lecionada por Capistrano de Abreu desde 1883. O brabo cearense recusou-se a assumir a cadeira de História Universal, criada para substituir a anterior. Parece que não seria fora de propósito concluir que a experiência na direção do Ginásio contribuiu para o tom pessimista da introdução à segunda edição.

Outro ponto relevante na mesma introdução, certamente ligado ao desencanto com o regime, tem a ver com uma alteração na postura patriótica exibida 16 anos antes. José Veríssimo quase se desculpa com o leitor por promover uma segunda edição. Afirma que só republica o livro para não o ter que reformular completamente. A crítica que faz à primeira edição é que ela tratou a educação sob o ângulo puramente nacional, "acaso estreito e mesquinho". Espera, no entanto, que o leitor inteligente entenda que seu verdadeiro sentido é "largamente humano, embora sinceramente brasileiro" (p. 59).

Vai mais longe na autocrítica, afirmando não ser um patriota. Ama sua terra e sua gente, mas sem os excessos do patriotismo. A pátria não deve ser transformada em ídolo. O amor que lhe temos só será legítimo se for empregado em melhorá-la e "se não pretendermos isolá-la do resto da humanidade". É por esta, a humanidade, que devemos trabalhar, ainda que na obra da educação nacional. A frase final da introdução é quase uma declaração subversiva. O autor reconhece no cidadão o direito à desobediência quando sua consciência lhe mostrar que "as conveniências da humanidade, da justiça e da verdade, devem prevalecer às da nossa pátria, da iniquidade e da mentira".

José Veríssimo desencantou-se com a República e com a política em geral. Com esta, aliás, nunca se dera bem. As frustrações parecem ter ressuscitado nele velhas crenças positivistas referentes à supremacia da humanidade, embora não escrevesse a palavra com H maiúsculo à maneira dos positivistas ortodoxos, em relação à pátria e desta em relação à família. Ele não foi seguramente um positivista ortodoxo, mesmo porque não foi ortodoxo em coisa alguma. Mas publicara um trabalho sobre Littré em 1881 e o citara em *A educação nacional*. As muitas leituras de Spencer também o encorajavam na mesma direção cosmopolita. O certo é que, em 1906, ele era mais um humanista do que um nacionalista.

Os desencantos só fizeram crescer após 1906. Em 1912, rompeu com a Academia Brasileira de Letras. Renunciou ao cargo de secretário geral e de redator da *Revista Brasileira* quando os votos de 22 acadêmicos elegeram um político, o ministro das Relações Exteriores, Lauro Muller, que fizera imprimir às pressas em papel grosso e tipo graúdo um simples discurso para atender às exigências dos Estatutos de que os candidatos deveriam apresentar pelo menos um livro publicado. Mais do que a eleição de alguém que não julgava qualificado para pertencer à Casa, magoou-o a deslealdade de confrades que o tinham incentivado a promover a candidatura de Ramiz Galvão e, ao final, votaram em Lauro Muller. Nunca mais voltou à Academia, a despeito dos apelos que lhe foram dirigidos e pronunciou sobre ela uma frase amarga: "Deixemos que a Academia se faça à imagem da sociedade a que pertence".[8]

Este homem amargurado encontrou no final da vida nova causa por que lutar. Mas não foi uma causa brasileira. Iniciada a Primeira Guerra, colocou-se, junto com a maioria dos intelectuais brasileiros, firmemente ao lado da França e da Inglaterra contra a Alemanha. Aderiu à Liga pelos Aliados, da qual foi presidente de fato, sendo-o de direito Rui Barbosa. Escreveu a favor dos aliados,

---

[8] Carta a Oliveira Lima, citada por Ignácio José Veríssimo, p. 119.

participou de festas, conferências e espetáculos beneficentes. Mas nem nesta última batalha pode sentir o gosto da vitória. Morreu em 1916, sem conhecer o resultado da guerra.

Teria José Veríssimo desistido do Brasil? Não parece ter sido esse o caso. É verdade que até o fim da vida manteve sua postura crítica em relação ao país e, em geral, a toda a América Latina.[9] Não por acaso, seu entusiasmo derradeiro só foi despertado pela causa dos aliados europeus. É também verdade que da política já se desencantara quando decidiu recriar a *Revista Brasileira* e fez dela um instrumento de congraçamento de pessoas e de trabalho intelectual exercido acima das paixões partidárias. O gesto pode ter sido, no entanto, indicação de mudança de estratégia. Descrente da eficácia da ação política em um mundo dominado pelo partidarismo, decidira continuar a servir ao país no trabalho profissional de crítico literário e de professor de escolas públicas.

Nesse recuo estratégico, não esteve sozinho. A experiência florianista foi traumática para alguns intelectuais, entre os quais Olavo Bilac e José do Patrocínio. Vários homens de letras republicanos decidiram refugiar-se em seu mundo profissional para se protegerem das tempestades políticas. Bilac e Manoel Bomfim dedicaram-se à educação cívica escrevendo livros escolares para o público infantil. Outros mergulharam no espírito da *Belle Époque*, deslocando para Paris suas referências literárias e mundanas. As duas únicas exceções, e que grandes exceções, foram Raul Pompéia, florianista rubro até o trágico fim, e o indômito Euclides da Cunha, crítico do regime por que lutara até o não menos trágico destino.

Não se diminuiu José Veríssimo em seu recuo. Manteve seus princípios, o agudo sentimento do interesse público, a dignidade pessoal. Sua crença no papel fundamental da educação para a construção nacional é hoje mais atual do que nunca. Não se pode pensar em melhor lição de clarividência e de patriotismo. É sua vitória, ainda que tardia.

---

[9] Ver artigos incluídos no livro José Veríssimo. *Cultura, literatura e política na América Latina*.

BIBLIOGRAFIA

EDIÇÕES DE *A EDUCAÇÃO NACIONAL*:

Pará: Editores Tavares Cardoso e Cia., 1890.
Rio de Janeiro: Livraria Francisco Alves, 1906.
Porto Alegre: Mercado Aberto, 1985.

OUTRAS OBRAS UTILIZADAS:

ALMEIDA, José Ricardo Pires de. *História da instrução pública no Brasil (1500-1889)*. São Paulo: Unesp, 1989.
BARBOSA, João Alexandre. "Apresentação". In José Veríssimo. *Cultura, literatura e política na América Latina*. São Paulo: Brasiliense, 1985.
BARBOSA, Rui. *Reforma do ensino primário e várias instituições complementares da instrução pública* (1882). Rio de Janeiro: Fundação Casa de Rui Barbosa, 1947.
BEZERRA NETO, José Maia. "José Veríssimo: pensamento social e etnografia da Amazônia (1877-1915)". *DADOS, Revista de Ciências Sociais*, 42, 3 (1999), 539-564.
CARVALHO, José Murilo de. "O motivo edênico no imaginário social brasileiro". *DADOS, Revista de Ciências Sociais*, 38 (outubro de 1998), 63-79.
——————. *A Escola de Minas de Ouro Preto: o peso da glória*. Belo Horizonte: Editora UFMG, 2002.

FONSECA, Maria Rachel Fróes da. "As 'conferências populares da Glória': a divulgação do saber científico". *Manguinhos. História, Ciências, Saúde*, II, 3 (nov. 1995-fev. 1996), 135-166.

HAIDAR, Maria de Lourdes Mariotto. *O ensino secundário no Império brasileiro*. São Paulo: Grijalbo/Edusp. 1972.

MACHADO, Mônica Sampaio. "José Veríssimo e a proposta de geografia pátria na Primeira República brasileira". Rio de Janeiro, texto inédito, s/d.

MOACYR, Primitivo. *A instrução e as províncias*. São Paulo: Cia. Editora Nacional, 1939-1940, 3. v.

PRISCO, Francisco. *José Veríssimo. Sua vida e suas obras*. Rio de Janeiro: Bedeschi, 1937.

VERÍSSIMO, Ignácio José. *José Veríssimo visto por dentro*. Manaus: Edições Governo do Estado do Amazonas, 1966.

VERÍSSIMO, José. *Cultura, literatura e política na América Latina*. Seleção e apresentação de João Alexandre Barbosa. São Paulo: Brasiliense, 1986.

――――――. *Homens e coisas estrangeiras, 1899-1908*. Rio de Janeiro: Topbooks, 2003.

A INSTRUÇÃO NO BRASIL
ATUALMENTE

"O ensino chegou (no Brasil) a um estado de anarquia e descrédito que, ou faz-se a sua reforma radical, ou preferível será aboli-lo de vez."

Dr. Joaquim José Seabra, Ministro da Justiça e Negócios Interiores, *Relatório* ao Presidente da República, em 1906, Vol. II, pág. 98.

I

Este livro foi escrito logo após a proclamação da República. Não me arreceio de dizer que o foi com a máxima boa-fé e sinceridade. Meditei-o e escrevi-o na doce ilusão e fagueira esperança de que o novo regime, que só o propósito de ser de regeneração para a nossa pátria legitimaria, havia realmente de ser de emenda e correção dos vícios e defeitos de que os seus propagandistas, entre os quais me poderia contar, levaram mais de meio século a exprobar à monarquia.

Ao seu ingênuo autor, desde a juventude dedicado, com ardor e estudo, às questões de educação, parecia que tanto a filosofia especulativa como a experiência da humanidade certificavam que o meio mais apto, mais profícuo, mais direto e mais prático de obter emenda e correção, era a educação. E assim pensando, ingênua talvez mas convictamente, ele o escreveu num verdadeiro alvoroço de entusiasmo para, do fundo da sua obscuridade provinciana, propor este expediente como o mais azado às intenções que acreditava existirem no novo regime, e às condições do país.

O início daquele, não obstante o seu vício de origem, um antipático levante militar, parecia dever justificar estas ilusões e esperanças. O primeiro governo da República criou um Ministério Especial da Instrução Pública e o confiou a um dos principais fautores das novas instituições, que era também um provecto professor, conhecedor do assunto. Essa criação, porém, como se hoje sabe pertinentemente, não obedeceu, segundo à primeira vista era todo o mundo levado a supor, a uma preocupação auspiciosa da vida espiritual do país, nem sequer a algum sentimento ou convicção da necessidade de dar como base ao novo regime um povo esclarecido, um corpo eleitoral alumiado pela instrução larga e seriamente espalhada na população. Antes pelo contrário, determinaram a criação do Ministério da Instrução Pública feita pelo Governo Provisório, mesquinhas questiúnculas de gabinete, em uma palavra a necessidade ou conveniência de afastar do Ministério da Guerra o respectivo titular, que nele, parece, se havia mostrado incapaz, sem descontentá-lo, nem irritá-lo, e com ele os seus numerosos e devotados discípulos, cuja ação fora precípua na proclamação da República e continuava a ser preponderante naquele momento.

Mais professor e ideólogo, como lhe chamaria Napoleão, do que soldado, o general ministro da guerra não foi julgado o homem para esta pasta em tal ocasião, e à espertez política lembrou o alvitre da criação de um ministério de ensino público para o qual o removessem sem abalo. Benjamin Constant, que no pensar de todos, e talvez no seu próprio, se acharia neste melhor que naquele, como um simples que era, caiu de boa mente no engano e tomou a sério a nova posição, que a sua incapacidade como administrador militar lhe deparara. Com as melhores intenções, porque parece foi principalmente um homem de boas intenções, porém com pouco espírito prático, reformou de alto a baixo e por completo a instrução pública do país, desde a primária do Distrito Federal (desse ramo a única que lhe competia) até a superior, e ainda a especial e técnica.

O mérito dessas reformas era discutível, e o autor deste livro o discutiu no *Jornal do Brasil* do primeiro semestre de 1892, encetando nesta cidade a sua existência de jornalista, sob a esclarecida e generosa direção do saudoso Rodolfo Dantas. Escrevi eu então, quando a experiência de um ano da direção da Instrução Pública do Pará e de alguns meses da direção aqui do Externato do Ginásio Nacional, facultaram-me julgar com maior conhecimento de causa a principal dessas reformas:

"Criada a pasta da Instrução Pública, o seu primeiro-ministro, o sr. Benjamin Constant, procedeu, talvez com alguma precipitação, mas com uma legítima compreensão da era que o novo regime devia abrir ao Brasil, a reforma do nosso sistema geral de ensino público. Não temos fetichismos políticos ou pessoais, e fazendo principalmente obra de crítica, não a pouparemos aos homens e às coisas que, ao nosso fraco juízo, forem dela merecedores. Sejam quais forem, porém, as que porventura tivermos de fazer à obra do sr. Benjamin Constant, nenhuma delas é tamanha que obscureça em nós o apreço de que é benemérita a inspiração superior com que a executou. Em que pese aos que pretendem ver o primeiro-ministro da Instrução Pública sob outro aspecto, a nós parece-nos que essa reforma é a obra capital da sua atividade política.

"Por decreto de 8 de novembro de 1890 foi por ele reformado o nosso ensino primário e secundário. O primário, que desde o império era da competência das províncias, ficou com maioria de razão na forma federativa dada ao país pelo governo provisório, reservado aos estados, em que aquelas se transformaram. Dado, porém, o prestígio político, que, apesar da federação, esta capital continua e há de continuar a ter no país, deve-se esperar que uma organização sistemática do ensino primário, como foi a do sr. Benjamin Constant, posta em prática com constância e seriedade e munida de meios de sucesso, como felizmente vai sendo, acabaria por se tornar o tipo de igual ensino em todo o país ou pelo menos reagiria favoravelmente sobre toda a organização da instrução primária nacional, como aconteceu com idêntica organização nos estados da Nova Inglaterra, nos Estados Unidos. E tanto mais é de crer este resultado, não só desejável como, a bem da unidade moral da pátria, indispensável, quando a reforma do sr. Benjamin Constant criou no Pedagogium um órgão que devia ser o fator consciente dessa obra de unificação moral.

"Pelo mesmo motivo da federação e consequente descentralização de todos os ramos do ensino, a nova organização do ensino secundário não foi tão radical, nem tomou na lei um caráter tão geral, como fora para desejar. Entretanto, ela acabava virtualmente com os tais estudos de preparatórios (art. 81), exigindo para a matrícula nos cursos superiores, de 1896 em diante, o certificado de estudos secundários ou o título de bacharel em Ciências e Letras, dados na capital federal pelo Ginásio Nacional e nos estados pelos estabelecimentos oficiais organizados segundo o plano do mesmo Ginásio (art. 38). E determinava ao mesmo tempo (art. 81) que desde 1891 os exames de preparatórios fossem feitos "com os exames do Ginásio Nacional, segundo os programas adotados neste estabelecimento."

"Aceito, na prática ao menos e como um fato ainda por muito tempo necessário, o princípio da intervenção do Estado em matéria de instrução pública, princípio, de parte a restrição que também fazemos, corrente em todo o mundo civilizado e apenas contestado por uma minoria insignificante, a reforma do sr. Benjamin Constant apresenta-se com um caráter de pronunciado liberalismo. Ela deixava aos que já tinham começado os seus estudos de preparatórios o tempo suficiente para os concluírem sem vexame nem prejuízo de direitos porventura adquiridos; deixava aos estados plena liberdade de darem eles próprios os diplomas de estudos secundários, desde que organizassem estes estudos segundo o tipo que lhes oferecia o Governo Federal e deixava à iniciativa particular toda a largueza para exercer a sua atividade, sem outra condição que a da aferição pelo Estado, das habilitações dos candidatos aos títulos exigidos para a matrícula nos cursos superiores.

"Desde que o Estado, com uma liberalidade talvez única no mundo, sustenta cursos superiores gratuitos ou pouco menos que gratuitos (e o não serem não diminuía em nada a força do nosso argumento), tem o direito incontestável de impor condições à entrada e tirocínio destes cursos. Os estados podem hoje criá-los e mantê-los eles também, e então serão senhores de decidir das condições da admissão neles. A exigência, portanto, da reforma do sr. Benjamin Constant é justíssima, cabendo somente aos estados decidiram se lhes interessa ou não facilitar aos seus filhos a matrícula dos cursos superiores da União, criando e mantendo estabelecimentos organizados de acordo com as justas exigências daquela. Se alguma coisa há a reparar, é que foi talvez demasiada a latitude dada aos estados nesta faculdade, com a única restrição de organizarem o seu ensino secundário segundo o do Ginásio Nacional, conferirem direitos à matrícula dos cursos superiores da União. Não há esconder que grande número dos nossos estados carece dos recursos econômicos e morais para manter estabelecimentos com aquela organização. A vaidade bairrista, porém, não atenderá a isso e todos quererão ter liceus e dar o certificado de estudos secundários, quando talvez esses liceus não correspondam efetivamente não só à letra mas ao espírito da nova organização.

"Em a nossa instrução pública, hoje como ontem, a coisa de que mais carecemos é de verdade. Precisamos acabar de uma vez com a espetaculosidade de regulamentos, programas, instituições e organizações que ficam na prática sem nenhuma realidade. Não é, pois, sem apreensões que vemos esta faculdade outorgada aos estados, sem o estabelecimento de um meio qualquer de fiscalização que garantisse a verdade desses estudos, meio que se poderia porventura encontrar em um exame de entrada nas faculdades, perante membros das respectivas corporações ou pessoas por elas designadas, exame para o qual se exigiria aquele certificado de estudos secundários.

"Quanto ao ensino particular, aumentou-lhe a reforma a grande liberdade de que já gozava no antigo regime, o que só pode merecer aplausos dos espíritos verdadeiramente liberais. E, mais, determinando, como vimos, que de 1895 em diante cessassem os exames de preparatórios, dispensou os alunos dos cursos particulares dos exames a que o regulamento chamou de finais, sujeitando-os apenas ao de madureza.

"Assim ficariam esses alunos em maiores condições de *facilidade* que os do estabelecimento oficial tipo, o Ginásio Nacional, os quais teriam de passar por três séries de exames, de suficiência, finais e de madureza.

"Criado e estabelecido este exame de madureza – que quaisquer que sejam as reformas por vir, deve ser mantido em todo o seu rigor e seriedade – não haveria talvez perigo em conceder aos estabelecimentos particulares o direito de, sob a fiscalização do Estado, procederem eles próprios aos exames finais interiores, do que aliás, mais liberal ainda e, a nosso ver, com algum exagero, os dispensou a reforma do sr. Benjamin Constant. A concessão desses exames aos estabelecimentos particulares, sem outro termo de aferição do seu valor senão o de uma fiscalização forçosamente falaz como deu o Congresso em uma lei em boa hora recusada pelo veto presidencial, só poderia concorrer para fazer descer mais, se é possível, o nível dos nossos estudos secundários. Nenhuma antipatia, ao contrário, a máxima simpatia temos pelo ensino particular, do qual vimos, mas nesta questão de educação nacional acima de tudo pomos os interesses sociais, e mais ainda os do futuro, que ela deve preparar, que os do presente. Sabemos, como toda a gente, que tais exames se praticam na Alemanha, mas também sabemos que se praticam sob a condição de uma fiscalização severa, difícil de obter entre nós, ou da verificação por novos exames oficiais. Demais, como ninguém ignora, não há paridade de organização, ainda material, entre o ensino particular alemão ou inglês, que se citava em apoio daquela concessão, dado em estabelecimentos que oferecem não só todas as garantias de competência e de escrúpulo como de independência e isenção, e o nosso.

"Ali são em regra geral riquíssimas associações ou congregações, algumas seculares, quem sustenta esses estabelecimentos, que rivalizam não em dar mais alunos, porém em prepará-los melhor, sem cogitarem de lisonjear por quaisquer concessões famílias ou alunos; aqui as mais decididas boas vontades e dedicações se acham isoladas e contam apenas como recurso de vida as pensões dos alunos; não podem, pois, os institutos, que possuem ou dirigem, ser àqueles equiparados. Mais, argumentar contra o monopólio do Estado é desconhecer o princípio que atrás estabelecemos e que a ninguém acudirá contestar: que, fundando e mantendo cursos superiores, o Estado tem direito não só de determinar as condições quaisquer de admissão neles, como o de verificar pelos meios que lhe pareçam melhores se os candidatos à admissão satisfazem ou não essas condições.

"A reforma do sr. Benjamin Constant, mantendo a ainda necessária supremacia do Estado em matéria de instrução pública, fê-lo, portanto, com o máximo caráter de liberalismo, conseguindo do mesmo passo as relevantes melhorias seguintes:

"Organizar sistematicamente o ensino secundário, acabando com o chamado curso de preparatórios e fazendo do antigo Colégio de Pedro II, que estivera até então isolado em nosso sistema de ensino público, o estabelecimento modelo para a distribuição desse ensino, encarregando-o ao mesmo tempo de aferir do valor dos estudos feitos fora dele;

"Extinguir a errada preocupação do fim prático dos estudos secundários que nos fazia exigir tais matérias de preferência a tais outras para a matrícula neste ou naquele curso superior, requerendo o mesmo preparo intelectual dos candidatos a uma especialidade qualquer, Medicina, Direito ou Engenharia.

"E com esta medida livrou-nos das bifurcações, cujos maus resultados são já anunciados na Europa, e assentou a única concepção legítima da natureza e do papel do ensino secundário."

II

As reformas de Benjamin Constant, os seus muitos regulamentos, porém, nunca se realizaram; de alguns deles a única parte posta em execução, como notou algures o sr. Medeiros e Albuquerque, foi a tabela dos vencimentos, porque estes haviam sido nelas aumentados. As congregações oficiais em geral se lhes mostraram infensas, como se têm sempre mostrado a todas as reformas que apontam a outra causa mais que as melhorias materiais do professorado. Aliás, não obstante feitas por um antigo professor e diretor de institutos oficiais de ensino, essas reformas, como é aqui frequentíssimo, se não apoiavam em um conhecimento real e exato das condições do nosso ensino público e das suas lacunas, necessidades e possibilidades. Demais procuravam inadvertidamente conciliar, sem êxito possível, ainda sob o puro aspecto teórico, em matéria de instrução, as concepções democráticas com o positivismo contista. Não obstante defeituosas, tinham, entretanto, tais reformas o mérito grande de criar um movimento a favor do ensino público, um estímulo à nação para que se dele ocupasse como uma necessidade urgente, e de mostrar no novo regime altas preocupações da cultura do país. Continuado com a mesma sinceridade e dedicação do seu iniciador, tal movimento poderia resultar numa obra útil e fecunda. Mas as reformas de Benjamin Constant, salvo uma ou outra, ou, em pontos secundários, estavam votadas ao insucesso, primeiro pelo indicado hibridismo da sua concepção fundamental; segundo, porque só ele talvez entre os diretores da República (o sr. Rui Barbosa, antigo pregador da educação nacional, já tinha efetuado o seu avatar em financeiro) estaria convencido da sua necessidade e da conveniência de realizá-las.

Outras razões de ordem particular juntaram-se a estas para anular a ação e a boa vontade do primeiro-ministro da instrução pública. Respeitador excessivamente escrupuloso dos chamados direitos adquiridos, doutrina que entre nós tem a mais extravagante latidão, e por outro lado demasiado benévolo e fácil às sugestões da sua camarilha, ele não soube ou não pôde incumbir a execução delas a quem, comungando nas ideias que as inspiraram, ou tendo, pelo menos, o mesmo ideal que ele, fosse capaz de as realizar, se não com a competência, com a boa vontade e dedicação que empreendimentos dessa ordem exigem. Como todos os seus antecessores no dificílimo encargo de dirigir o ensino público no Brasil, também ele não compreendeu, ou esqueceu, que a instrução é uma função de ordem moral, em cujos órgãos não se deve exigir somente capacidade técnica ou estritamente profissional, nem mesmo o exato cumprimento do dever regulamentar, mas também uma convicção filosófica dos seus efeitos, o devotamento de apóstolos na sua execução e um ideal nos seus propósitos. Tratar a instrução pública, fator da educação nacional, como se trata a viação, ou qualquer outro ramo da atividade econômica do país, é condenar de antemão ao insucesso toda reforma dela. Tem inteira aplicação às coisas de educação o conceito do apóstolo dos gentios: *Littera occidit, spiritus autem vivificat.*

Época do encarne político dos republicanos da véspera, do dia e até do dia seguinte, que acudiam famélicos à mangedoura do orçamento, onde com pouca dignidade e compostura a maioria deles disputava a baia repleta que lhes pagasse das forçadas frugalidades do ostracismo monárquico, as reformas da instrução pública abriram nela numerosos lugares que, certamente com exceções, foram preenchidos com a mesma escolha com que o seriam os de amanuenses das Secretarias. O primeiro e desastroso efeito desta circunstância foi a abolição de fato dos concursos, em que se apurasse ao menos a competência técnica dos candidatos ao professorado. As novas e velhas cadeiras foram, em numerosos casos, dadas como reconhecimento de serviços e até apenas de boas intenções políticas. Alguns dos professores, assim pelo favoritismo introduzidos no ensino, foram imediatamente mandados à Europa, estudar as matérias que deviam lecionar, quando dessas matérias algumas, como a sociologia, não eram ali objeto de ensino especial.

Outro péssimo efeito das condições em que foram tais reformas postas em prática, foi a nímia condescendência' quase estou em escrever a cobardia, logo revelada e desde então até hoje continuada, como norma de governo, para com a indisciplina e desordem dos estudos e dos estudantes, cujas reclamações, por mais ilegítimas e desarrazoadas que fossem, nunca deixaram de ser atendidas. Daí o sacrifício inevitável da autoridade dos mestres, dos quais muitos já aliás a teriam perdido pela sua incompetência ou pela indignidade com que haviam obtido as suas cátedras. O caso do dr. Justino de Andrade, notável lente da Faculdade de Direito de S. Paulo, é típico daquele procedimento do governo.[1]

---

[1] Eis como o sr. Teixeira Mendes no seu panegírico *Benjamin Constant, esboço de uma apreciação sintética* da vida e *da obra do fundador da República brasileira* (Rio de Janeiro,1892) I vol. Pág. 405, refere este caso: "Sentimos não poder passar em silêncio o ato pelo qual Benjamin Constant, na qualidade de ministro da instrução pública deu a jubilação ao dr. Francisco Justino Gonçalves de Andrade, lente da Faculdade de Direito de S. Paulo. Os estudantes, desta Faculdade, tendo resolvido convidar para uma festa que tencionavam realizar,não só os lentes da academia como o governador do Estado, dirigiram-se

Mas era preciso não perder a simpatia da "mocidade esperançosa", principal sustentáculo, com o exército, da República, e cujas manifestações ruidosas fingiam de opinião do país. Como se alguma coisa de sólido se fundasse no favoritismo, na incompetência, na ignorância, diplomada ou não.

O exemplo e impulso dado na Capital da República pelo primeiro-ministro da Instrução, foi seguido pela maioria dos Estados da nova federação. Em grande número deles foi também reformada a instrução pública, mas ainda com menos sucesso, pois além da maior deficiência da cultura geral nesses estados, neles a política, ou a politicagem, única política de que são capazes, fez gorar, logo de princípio, ou depois na sua execução, conforme as circunstâncias, esses generosos propósitos. Multiplicaram-se por esse tempo por todo o país as Escolas Normais, e cada capital de Estado teve, criado, reformado ou remodelado consoante o plano do Ginásio Nacional da Capital Federal em que foi convertido o antigo Colégio

---

ao dr. Justino de Andrade. Este não aceitou o convite e fez na ocasião ponderações desagradáveis aos seus discípulos, aludindo ao estado de desorganização em que, no seu entender, se achava não só a escola mas também o país. Os estudantes promoveram então uma ruidosa demonstração do seu desgosto, não a levando completamente a efeito porque o dr. Justino, prevenido, renunciou a dar a lição do dia para qual ela estava aprazada. Os do 3º ano declararam mesmo que não compareceriam mais a aula enquanto o lente não fosse jubilado. Em consequência destes fatos a congregação reuniu-se, e ouviu o lente desfeiteado acerca das queixas que dele faziam os alunos. O dr. Justino afirmou que nada dissera de ofensivo aos moços, e que estes se haviam retirado de sua casa sem dar-lhe a menor manifestação de desagrado. Resolveu-se pedir providências ao governo provisório e suspender as aulas até que este se pronunciasse sobre o caso. Os estudantes por seu lado dirigiram uma representação ao mesmo governo pedindo a jubilação do lente." E o provecto e honrado professor foi jubilado, acompanhando o ministro o seu ato pusilânime de um ofício de justificação, que o sr. Teixeira Mendes transcreve integralmente, ao diretor da Faculdade, e que, pelo tom prudomesco, é um dos documentos mais estupendos que conheço.

O espírito de justiça do eminente chefe positivista não se pôde conter que não repreendesse severamente no seu livro o procedimento do ministro. Este, a seu ver, devia "preferindo entre os males o menor, ter sustentado o lente contra uma pretensão tão descabida da parte dos discípulos."

São de ler neste livro, de grande valor apesar do sectarismo que o deslustra, as páginas (69-71 e 410 e seguintes do tomo I) em que o autor, com a sua excepcional competência, assente num raro saber e em virtudes ainda mais raras, aprecia o nosso ensino e o nosso professorado oficial.

de Pedro II, o seu Liceu estadual para o ensino secundário. Por via de regra era insignificante o valor pedagógico de tais institutos, cuja maior utilidade, em muitos casos, seria "arranjar" uns tantos doutores apaniguados da política local dominante.

A mostrar que este empenho pela instrução pública era pura macaquice, um superficial alvitre de governo, e não um sentimento raciocinado e fundo, e menos compreensão das exigências de uma democracia, de um povo que tem de se governar a si mesmo e que se carece esclarecido, aí está o fato de todos conhecido: mal a crise financeira surgiu para quase todos esses estados, como natural consequência dos seus desmandos administrativos, a primeira traça econômica que lhes ocorreu foi a supressão dos seus institutos de ensino, o corte largo nas suas aliás minguadas verbas orçamentárias destinadas a esse serviço público. Minas Gerais, entres outros, suprimiu de vez muitas das suas Escolas Normais e centenas de escolas primárias. Outro tanto fez o Rio de Janeiro, o mesmo fizeram outros estados. E o que seriam as escolas cujos mestres passavam meses e meses sem receber os seus vencimentos, como sucedeu em alguns desses estados e até na Capital Federal. Para piorar a situação de um ensino, cujo progresso ficara todo nos programas presunçosos, a indústria particular surgiu criando nesta cidade e em outras do país Escolas Normais livres para prepararem professoras... públicas. Imagine-se o que valeriam tais institutos, e se alguma coisa teriam a invejar às famosas faculdades belgas, alemães ou americanas que dantes, se não ainda hoje, vendiam diplomas? Como se não bastasse, o governo, cedendo a exigências desarrazoadas da indústria do ensino particular (com a da farinha de mandioca talvez a única genuinamente nacional que temos, embora largamente praticada por estrangeiros), entrou desde os anos de 90 a conceder a colégios particulares de instrução secundária, depois a faculdades de ensino superior as mesmas regalias dos institutos de ensino oficial. E salvo uma fiscalização absolutamente ilusória e ineficaz, até ridícula, e a exigência da prova, na maioria dos casos sofismada, de um miserável capital de 50 contos de réis, nenhuma superintendência real e efetiva se reservou o governo de tais casas de comércio de ensino. Se não se soubesse que este desprendimento governamental era apenas uma nova manifestação do nosso radical desmazelo nacional, este caso poderia aparecer como um exemplo de liberalismo jamais dado por governo algum. E hoje já se contam por dezenas esses estabelecimentos chamados equiparados, que são o principal fator do estado lastimável, verdadeiramente miserando e alarmante a que chegou o nosso ensino, entregue de um lado à desordem, indisciplina e desleixo em que reina o ensino oficial, de outro ao bronco mercantilismo do ensino particular.

Até em lugarejos do nosso miserável interior, cidades de segunda e terceira ordem, onde seria impossível encontrar alguma das condições para um estabelecimento de modesto ensino secundário sério, há também estabelecimentos desses equiparados ao Ginásio Nacional, e dando diplomas de estudos secundários.

Em que país, quisera me dissessem, se viu já coisa igual? Nos Estados Unidos, como manhosamente se insinuou contando com a nossa geral ignorância do que do estrangeiro se não aprende da simples leitura dos jornais? É falso.

III

A organização da instrução pública nos Estados Unidos, que aliás está longe de contentar plenamente os seus pedagogistas e diretores, como o provam as sérias e repetidas tentativas que se ali fazem, para melhorá-la, dando ao ensino público maior unidade e maiores garantias de eficácia, deriva discretamente da própria organização política do país, do mesmo espírito que presidiu à sua constituição. Como quando as colônias inglesas emancipadas se transformaram em estados autônomos, unidos federativamente, já possuíam a sua organização própria, todos os órgãos indispensáveis à sua vida funcionando normalmente, e se mostraram ciosíssimas de os conservarem tais e quais, com a formação da União não se alterou notavelmente o sistema de ensino público inaugurado nessas colônias, sem grande uniformidade aliás, desde em antes de começar a segunda metade do século XVII, e, portanto, desde os seus princípios. Foi pensamento preeminente dos pais da República, de Washington particularmente, como havia sido o dos fundadores daquelas colônias, a disseminação da instrução popular, e da realização deste pensamento nasceu, cresceu e desenvolveu-se o admirável sistema escolar norte-americano, precursor e modelo do ensino público e primário em todo o mundo. A União, entretanto, não interveio nele, senão moralmente, com as recomendações, os conselhos, as insinuações dos seus principais e mais escutados chefes, e cedendo aos estados, com o fim predeterminado de ser o seu produto ou renda utilizada na instrução pública, uma porção considerável dos seus territórios. Porque os Estados Unidos não se organizaram, como nós, como uma nação sem-terra; ali as terras foram justamente consideradas da União. Esta foi que as cedeu, somente em parte, aos estados, que não lhes poderiam jamais alienar totalmente o domínio, com a condição de serem aproveitadas como um fundo inesgotável para a manutenção do ensino público. Desde os primórdios da nacionalidade, foi nos Estados Unidos igualmente vigorosa a iniciativa individual e a coletiva, semelhantemente forte o espírito de empreendimento pessoal e o de associação e também enérgico, ativo, o sentimento altruístico da solidariedade social, da obrigação dos ricos distribuírem a sua riqueza com a comunhão donde a haviam. Disto tudo resultou a multiplicação de fundações particulares, pessoais e coletivas, umas meramente como meios de vida; outras, e estas mais numerosas e incomparavelmente mais consideráveis, como, recursos de propaganda religiosa ou órgãos de opiniões e correntes de ideias; que mediante elas procuravam influenciar a nação. Doadores riquíssimos e generosos entraram logo, por si mesmos ou, em muito maior número, por intermédio de corporações e associações sem nenhum caráter comercial, a fundar estabelecimentos de ensino de todos os graus, magnífica e luxuosamente instalados e aparelhados, dando ao estudo e ao saber, pela primeira vez, mansões dignas deles. De sorte que a instrução pública se organizou desta maneira: em cima, aconselhando, animando, esclarecendo (e como órgão desta função foi criado em Washington o *National Bureau of Education*) todo o serviço do ensino público do país, a

União; depois, de um lado os Estados, cada um com uma organização sua, às vezes peculiar, da instrução, com o seu diretor-geral, superintendente, como ali em geral lhe chamam, da educação, o seu Conselho geral *(General Board)* e os seus superintendentes e Conselhos locais *(school boards)*, as suas leis e regulamentos, a sua fiscalização, as suas escolas normais para a formação de mestres, as suas admiráveis escolas primárias, inveja de todo o mundo, as suas *grammar-schools*, as suas *high-schools*, os seus *colleges* e academias, as suas universidades, segundo as denominações peculiares ali; do outro, os grandes institutos das associações ou corporações, religiosas ou leigas, fundados e mantidos com enormes capitais, e, portanto, inteiramente diferentes dos que em outros países pôde criar a indústria particular, pelos seus fracos recursos obrigada a capitular com as menos confessáveis exigências do público. Nem é lícito estabelecer paridade entre o que impropriamente se chama ensino particular nos Estados Unidos (ao menos aquele que é mantido e dado com o apoio de opulentas corporações) e o que noutros países, e no nosso especialmente, tem essa qualificação. Universidades há nos Estados Unidos (e ali a universidade realiza plenamente, como em nenhum outro país, a sua denominação) cuja renda, não das propinas dos seus alunos, mas dos bens que lhes constituem a sólida base de existência, é igual a tudo o que gasta a União brasileira com o ensino público a seu cargo. Que é, em comparação o ensino particular aqui? Uma indústria de necessitados, um negócio de homens pobres, isolados, muitos incompetentes, alguns *ratés* da cultura, das letras ou da própria profissão, que abrem uma escola, um colégio, como simples meio de vida, meio aliás mesquinho, incerto, contingente, pelo que são obrigados, para não perderem esse esforço e recurso, a transigir com os pais, os alunos, a clientela enfim, da qual exclusivamente vivem. Que garantias de honestidade profissional, de escrúpulo na distribuição do ensino, de hombridade, de seriedade, de isenção e autonomia podem oferecer tais estabelecimentos? A da honradez e competência pessoal dos seus proprietários e diretores, admitindo que estes as tenham? Absolutamente não bastam, porque a ação e eficácia de uma e outra dependem estreitamente, iniludivelmente, de seu desafogo material, da sua situação autônoma diante de uma clientela, cuja compreensão da educação, em toda a parte deixa mais ou menos a desejar. E foi a tais institutos de ensino, verdadeiras casas de mercância de uma instrução falha em todos os sentidos, que o nosso governo concedeu largamente, prodigamente, regalias que até pouco tempo eram o privilégio de um instituto por ele criado, mantido e generosamente subsidiado, e onde o ensino era distribuído por professores cuja capacidade se apurava em provas públicas, e de nomes feitos e conhecidos no

---

[2] O que são, em geral, esses colégios equiparados, conforme eles por se fazerem reclamo se anunciam, di-lo, melhor do que eu poderia fazer, o funcionário encarregado pelo ministro da Justiça e dos Negócios Interiores, dr. Dunshee de Abrantes, de inspecionar os existentes nesta capital, que aliás é a única cidade do Brasil que estaria em condições de ter estabelecimentos de ensino que rivalizassem com os oficiais. No seu *Relatório* de 15 de fevereiro de 1904, o sr. Dunshee de Abrantes, depois de ter informado do que observou em cada um desses estabelecimentos (e tudo é em desabono deles) sintetiza assim o resultado do seu inquérito:

> "Diante da longa exposição, que acabamos de fazer, não podemos deixar de concluir que os institutos particulares equiparados ao Ginásio Nacional, existentes nesta cidade, não satisfazem as exigências da lei nem as necessidades do ensino.
> "Não satisfazem as exigências da lei, porque a sua situação material, por demais precária, não permitiu até hoje, durante perto de cinco anos, que se organizassem definitivamente, cumprindo as obrigações que assumiram. Falta mais ou menos a todos uma instalação condigna. Nenhum possui laboratórios e gabinetes para trabalhos práticos de ciências. O material escolar, que cada qual procura aparentar que tem, é insuficiente e quase todo imprestável. O progresso nulo da grande maioria dos alunos não pode ser apenas increpado à desídia inerente a estes e ao pouco escrúpulo, em geral, das famílias na educação das crianças; parece em parte provir também da má escolha dos corpos docentes, em que, ao lado de mestres idôneos e de reconhecida competência técnica, figuram professores, que só o são pelo próprio apelido e que servem apenas para simular, de mistura com aqueles, o preenchimento das formalidades legais e a existência de uma congregação numerosa e seleta. Em uma palavra, um só desses estabelecimentos, favorecidos com as vantagens das instituições oficiais, desempenha fiel e conscienciosamente o regime e os programas adotados para o Ginásio Nacional.
> "Não correspondem ainda os colégios equiparados às necessidades do ensino, porque nenhum dos seus diretores, subordinando-se ao sistema ginasial em vigor na legislação escolar, o fez por convicção, renunciando às suas doutrinas e deixando de as procurar secretamente pôr em prática.

país.² Certo, nos Estados Unidos, terra de muito comércio, há também estabelecimentos daquela espécie, criados por pobres diabos, exploradores da indústria do ensino. Mas com esses ninguém faz conta ali, nem fora dali; estão para os primeiros como as miseráveis e sórdidas tascas de maruja reles das suas cidades marítimas para os magnificentes hotéis das suas grandes metrópoles.

Mas os algarismos aqui falarão mais alto que todas as asserções, ainda fundadas nas mais competentes autoridades. Segundo o *Report of Commissioner of Education* dos Estados Unidos, que é o documento sobre instrução pública mais importante do mundo inteiro, e o mais opulento e conceituado repositório de elementos para o estudo de quanto se refere a este assunto, publicado no *Annual Reports of the Department of the interior*, o número de estudantes do ensino secundário foi em 1901-1902 naquela República de 655.301, dos quais 550.611 nos estabelecimentos públicos *(public secondary schools)* e apenas 104.690 nas particulares *(private secondary schools)*. Conforme o mesmo documento para 1902-1903, o total dos alunos, em todos os graus de instrução, foi nesse período ali de 17.539.469, sendo no ensino público 16.127.730 e no particular, 1.411.739, com a porcentagem, para as escolas públicas elementares de 93,37, para as secundárias, 78,34 e para as superiores, 40,50.

O aumento da frequência das escolas públicas secundárias (os nossos ginásios e liceus) é assinalado pelo Comissário, que mostra que no ano de 1902-1903 foi esse aumento de 42.288 ou 97%, observando ele mais que nos 14 anos últimos o aumento, que nos

---

Perturba-lhes mais ainda o funcionamento interno, a instabilidade constante do seu professorado. Veda-lhes, finalmente, que exerçam a sua função social, com verdadeiro proveito para o desenvolvimento espiritual da nossa Pátria, a sujeição financeira, em que vivem e que não lhes permite fecharem a porta à incompetência e resistirem altivamente a sugestões estranhas, que os façam ir descendo, de transigência em transigência, às mais criminosas concessões no preparo e julgamento dos seus educandos."

Em um país de real mortalidade administrativa, o governo, verificando a fidelidade destas informações, teria cassado a tais institutos as regalias que em má hora lhes concedera, e obtido do Congresso uma medida que as proibisse.
Aqui, continuou a concedê-las com a mesma, senão maior, prodigalidade.

estabelecimentos particulares fora diminuto (apenas de 21% naquele ano) foi sempre crescente nos estabelecimentos públicos. Nesse ano os estabelecimentos públicos de ensino secundário eram 6.800 com 24.349 professores; os particulares somente 1.690, com 9.446 docentes. E no entanto este ensino ali é riquíssimo, como a nós nos é difícil conceber. A sua dotação em 1902-1903 atingiu a soma de cerca de 27milhões de dólares, ou em nossa moeda, ao par, uns 54 mil contos.

Portanto, nos Estados Unidos, os ramos do ensino que mais direta e eficazmente entendem com a educação nacional, os que dão a instrução geral a maior número de cidadãos e assim mais influem na cultura geral do país e na formação não só do caráter nacional, mas do espírito e da opinião das massas, estão sob a dependência do Estado, providos, dirigidos, fiscalizados, pagos e inspecionados por ele. É certo que ali o ensino superior, pelo número dos seus alunos representa 59,50 do total da frequência deste ensino, e as grandes escolas particulares que o dão, competem vantajosamente com idênticos estabelecimentos públicos, quero dizer, dos Estados. Em rigor, porém, não é exato chamar aquelas de particulares, ao menos no sentido que tem no Brasil a expressão "ensino particular." Esses estabelecimentos *(colleges, academies, universities)* originaram-se acolá de dotações e benefícios *(benefactions)* de somas consideráveis, algumas até colossais, feitos por algum ou alguns ricaços americanos, ou foram fundadas e são mantidas por corporações ou associações, geralmente religiosas, e todas, sem exceção, dispõem de avultadíssimos capitais e grandes rendas, que lhes permitem não fazer economias em detrimento do ensino e manter para com o público uma independência que é sólida garantia da honestidade e isenção do seu procedimento. Não é extraordinário ver nos Estados Unidos indivíduos riquíssimos dar ainda em vida ou deixar por morte somas enormes para fundação de tais estabelecimentos. Morrendo-lhe um filho que muito prezava, o senador Leland Stanford fundou em sua memória, com um primeiro donativo de 25 milhões de dólares (cinquenta mil contos, câmbio par) e sob o nome de Leland Stanford Junior University, a universidade de Palo Alto, na Califórnia, que em poucos anos se tornou justamente famosa pela grandeza das suas instalações e excelência do seu ensino. Muitas outras tiveram idêntica ou equivalente origem. Segundo um papel do sr. Charles Thwing, presidente de uma das universidades norte-americanas, publicado no Relatório citado do Comissário da educação, sobre *Universidades Americanas*, os benefícios feitos por particulares a universidades, colégios e escolas técnicas foram em 1902 de 17.039,967 dólares, e a soma doada para o ensino superior nos dez anos de 1893 a 1902 foi de 115.500,000 dólares. Há, segundo a mesma autoridade, instituições de educação superior, cuja dotação ascende a mais de 12.500,000 dólares. E preciso dizer que muitas destas dotações e larguezas são feitas a institutos oficiais, seja para serem empregadas como melhor parecer às suas administrações, seja para o fim determinado de criação de novas cadeiras ou faculdades, instituição de estudos e laboratórios novos, ou outros. Que há, já não direi no Brasil, país em que se julga que um capital de 50 contos (que na maioria dos casos só existe no papel), é suficiente para garantir a existência e dignidade de uma faculdade superior, mas em outro qualquer país, que a isto se compare?

E os Estados da União Americana rivalizam de zelo em bem do ensino que dão, e das suas universidades, para se não deixarem sobrepujar pela iniciativa particular. A este respeito escreve na sua citada monografia o mesmo sr. Thwing, um *university man:* "Existem atualmente(1903) nada menos de 41 das chamadas universidades estaduais que representam o interesse de cada estado *(commonwealth)* na educação superior. O impulso da sua criação derivou-se por muito da concessão *(grants)* de terras feita pela nação; mas estas concessões atualmente apenas bastam a uma pequena parte, no caso do maior número, do fundo necessário para a sua administração anual. O povo de cada estado, mediante a legislatura, determina que uma parte da renda anual do Estado seja empregada em benefício da universidade." E para ver com que largueza, a verba da universidade de Michigan foi para 1899-1900 de dólares 554.700, a de Minesota de 351.842, a de Wisconsin de mais de 390.000; a de Illinois de mais de 482.000.

Depois disto seria insolente petulância pretender antepor no Brasil, com o exemplo dos Estados Unidos, o ensino particular ao público, e pedir para aquele regalias e privilégios que ele não merece, nem pela capacidade revelada pelos seus agentes, nem por condições materiais que lhe garantissem ao menos uma relativa independência do público e de suas exigências, desarrazoadas.

Não se creia, porém, que eu seja infenso à iniciativa particular em matéria de ensino, ou que mantenha algum preconceito favorável ao Estado. Muito pelo contrário, a minha doutrina política é adversa a este e à sua preponderância em qualquer ramo de atividade social. Chego a duvidar da sua legitimidade e a acreditar possível reduzi-lo a niilidade ou ao mínimo de faculdades compatível com a sua existência; se esta é de fato necessária. Mas as condições do Brasil, parece-me, ainda nos impõem, e nos imporão por larguíssimos anos, a necessidade de contar principalmente, e relevantemente com o Estado, como fator preeminente da educação nacional. Iniciativa individual, espírito de empresa, e devoção desinteressada à causa pública, não se inventam, são produtos e maneiras de ser de um povo, de uma raça, de uma civilização, e nós somos um povo em que bastou que se acabassem com as condecorações, os títulos de nobreza e outras distinções honoríficas, para cessarem quase por completo os donativos que a nossa caridade interesseira no tempo delas fazia às instituições pias. E só a estas fazia, porque as instituições de ensino nunca mereceram aqui do público nenhuma espécie de benevolência. Ora seria sacrificar inteiramente a nossa cultura, e, portanto, o nosso progresso, a nossa civilização, o nosso futuro, que dela imediatamente dependem, entregá-la à iniciativa particular, que aqui absolutamente não existe, ou que, em matéria de ensino, apenas existe, e ainda assim minguada e mofina, como um ramo de comércio. Permita-se aos particulares concorrerem com o Estado na distribuição do ensino, mas exija-se-lhes garantias sérias, das que ponham logo os seus institutos fora das contingências dos favores do público. Dêm-se-lhes todos os privilégios e regalias, mas acompanhadas de tais exigências no que respeita à verdade da instrução que distribuírem e dos diplomas que conferirem, que nunca se possa legitimamente levantar contra a sua probidade, as suspeitas que ora, e não sem motivo, se levantam. A educação nacional não pode ser objeto de comércio, e o ensino particular no Brasil, qual existe e é praticado, não faz dela outra coisa, o que basta para, em nome dos interesses superiores da nossa cultura, da nossa civilização e do nosso futuro, reprovar essa forma de ensino aqui, e tudo fazer para reformá-la completamente, de modo que ela venha a ser um fator útil da nossa evolução e um digno auxiliar do nosso ensino público.

IV

Este também exige uma reforma radical e completa. Não a reforma aqui costumeira, e sempre improfícua dos regulamentos, os bizantinismos das leis e do papelório, a devoção bronca do estatuto, mas uma transformação profunda dos costumes, da inspiração, da compreensão e da prática do ensino público.

A Constituição Federal brasileira no seu artigo 35 atribuiu à União, pelo seu poder legislativo "criar instituições de ensino superior e secundário nos estados e prover a instrução secundária no Distrito Federal". Aquela função, porém, não lhe é, segundo o mesmo artigo, privativa, o que quer dizer que os estados poderão, também, por suas assembleias legislativas, prover ao ensino secundário e superior nos seus territórios.

Que se tem feito de fato depois de 24 de fevereiro de 1891, em que foi promulgada essa Constituição? Reformadas várias vezes, muitas vezes, demasiadas vezes, as leis e regulamentos que regiam aquelas duas espécies de ensino e os institutos que aqui no Rio de Janeiro e em alguns estados o distribuíam, tudo na realidade continuou como dantes. Ou, mais exatamente, piorou. Não podia ser maior, como ficou dito, o desinteresse dos poderes públicos por esta sua função de velar pela educação nacional; foram praticamente abolidos os concursos para a escolha dos lentes, e as cadeiras distribuídas ao sabor da politicagem, do patronato, do empenho; o período anual dos estudos foi efetivamente reduzido a seis meses;³ acabou a exigência do ensino integral dos programas, como a da pontualidade dos docentes às suas aulas; os exercícios escolares foram ab-rogados ou reduzidos a um ridículo simulacro; os exames a uma farsa ou mero arremedo do que haviam sido e deviam ser tais atos. Para a máxima parte dos professores do ensino oficial, o magistério, que devia ser a sua principal ocupação, tornou-se apenas uma função subsidiária da sua atividade, uma achega, para muitos um *pis aller*. Crescido número deles o abandonaram de todo ou o desleixaram totalmente pela política, pelas finanças, pela indústria e por negócios e interesses de toda a ordem. E cada dia os poderes públicos, inconscientes da sua missão e, do mal que faziam, iam lhes aumentando as regalias, os favores, os privilégios, as vantagens, de sorte que nenhuma inexatidão há em dizer que no Brasil o ensino público não existe por amor da educação nacional senão exclusivamente no interesse do professorado.⁴

---

³ Há muitos anos, como ninguém ignora, que as aulas das escolas superiores desta Capital não começam a funcionar antes de julho e encerram-se em outubro. O Ginásio Nacional, que antigamente se abriu sempre a 3 de fevereiro e se fechava a 31 de outubro, este ano de 1906 abriu-se oficialmente a 15 de abril, mas de fato em maio, e se deve encerrar a 14 de novembro. Leve-se em conta os nossos numerosíssimos feriados, e veja-se ao que fica reduzido o ano letivo, seis meses, quando muito.

⁴ Em 1896 houve aqui no Rio um verdadeiro amotinamento dos estudantes da Escola Politécnica contra os lentes. Tendo os rapazes publicado nos jornais um manifesto no qual, sob suas assinaturas, acusavam os seus professores de desidiosos, a muitos de incompetentes, alguns de bêbados e a alguns outros de desviarem para as suas livrarias domésticas os livros da Biblioteca da Escola, o Governo deu novo diretor a esta, o dr. Antonio Augusto Fernandes Pinheiro, e o incumbiu de fazer um inquérito sobre aquelas acusações. O resultado desse inquérito, transmitido em ofício desse diretor ao ministro do Interior, foi publicado no *Diário Oficial* de 10 de agosto daquele ano. Desse documento verifica-se que devendo ser o número de lições e repetições no ano letivo de 1895 nas 52 cadeiras ou aulas daquela escola, de 3111, as lições dadas foram de fato 1983 ou menos 1128 que as marcadas no Regulamento. Destas faltas muitas foram certamente devidas à ausência dos alunos, porém mais de um terço ao menos à dos lentes. A este propósito escreveu o diretor no seu relatório: "Pelas conclusões que acabam de ser tiradas do apuramento acima indicado das cadernetas do ano de 1895, se deduz infelizmente que os estudos da Escola Politécnica não correspondem à grande despesa que com a manutenção deste estabelecimento faz o Estado, e que os alunos tinham razão quando em seu manifesto de maio se queixavam da pequena frequência de vários lentes e por consequência da insuficiência das respectivas lições..." Respondendo às acusações dos alunos contra o ex-diretor da Escola, que não tivera a energia bastante para chamar

E esta opinião, que apenas do estudo sincero e desinteressado do nosso ensino público tira alguma autoridade que possa acaso ter, não é só de um observador isolado e acoimado de pessimista. É o juízo também do próprio ministro encarregado de superintender esse ramo de serviço público no nosso país, o dr. José Joaquim Seabra. Depois de verificar o estado miserando em que se encontra a instrução pública no Brasil, escreve ele com louvabilíssima franqueza, no seu Relatório de março de 1905, vol. II, pág. 41:

> "O processo do nosso ensino está feito. Não há fugir diante dos fatos alegados, da evidência das provas exibidas, do clamor uníssono e crescente (aqui se engana o ministro, ninguém ou apenas um ou outro clama ou melhor murmura no Brasil contra a miserável situação do ensino público) que de um extremo ao outro da República se faz sentir. Nenhuma ilusão é mais permitida, salvo para aqueles que, respirando otimismo, vivem alheios ao meio, cegos, surdos, insensíveis às impressões que os cercam, ou então para os que, obcecados por um mal-entendido interesse não querem perturbada esta situação propícia de lassidão e facilidades, a qual permite aos alunos fazer em pouco tempo e sem o mínimo esforço, exames sucessivos para alcançar o cobiçado diploma."

---

os lentes desidiosos ao cumprimento dos seus deveres, ponderava o novo diretor: "O mal não vem tanto do ex-diretor, quanto da situação que pouco a pouco se criaram em Congregação os lentes da Escola e pela fraqueza do Governo, em várias ocasiões em que a Congregação desobedeceu às decisões deste... Os lentes tornaram-se verdadeiros pequenos soberanos, isentando-se do respeito ao princípio de autoridade, mas em compensação muito ciosos do respeito à sua própria autoridade. "Verificou mais o diretor que de fato, os lentes podiam quase todos deixar de dar aula sem que na folha de pagamento se lhes descontassem essas faltas, como era de lei, e também certifica que a Congregação autorizara a criação de gabinetes e laboratórios de aulas que os não comportavam, como as de matemáticas puras, só para o fim de gozarem os respectivos lentes da gratificação mensal de 100$000 prevista no Código de Ensino. Com o mesmo motivo, acumulavam os lentes as aulas de recordação ou repetição e com elas os respectivos vencimentos.

Não hesito em asseverar que se em cada uma das escolas superiores ou secundárias mantidas pelo Estados se fizesse um inquérito semelhante o resultado seria idêntico, e em mais de uma pior, pois o caso da Escola Politécnica em 1895, pode ser hoje talvez mais do que então, sem perigo de erro generalizado a todos os nossos estabelecimentos de ensino federais sem exceção.

"O ensino secundário está a desaparecer de entre nós, se é que ainda existe – continua o ministro. O Ginásio Nacional, estabelecimento modelo, mantido pelo Governo (o ministro diria mais exata e republicanamente pelo Estado) dotado de largos recursos orçamentários, dispondo de um corpo docente numeroso e de competência fora de toda a dúvida, não preenche, infelizmente, os fins a que foi destinado. O ensino que nele se ministra é defeituoso, falho e improfícuo."[5]

Parece que depois de haver o próprio Governo verificado esta situação do ensino público no país, qual a descreve e expõe sem rebuços, o ministro preposto a sua administração, alguma coisa se devia ter feito ao menos para coibir os abusos por ele denunciados e corrigir os defeitos declarados, cuja emenda coubesse, na competência do administrativo. Pesa dizer que nada se fez, mas é a exata verdade. Os imensos abusos, o formal desrespeito a leis e regulamentos, as irregularidades de toda a ordem continuaram e aumentaram,[6] e não só por parte das administrações, e dos corpos docentes dos estabelecimentos do ensino público de todas as categorias mas do mesmo poder público que os denunciava com tão digna franqueza e parecia lastimá-los com tanta sinceridade.

O mal, porém, do nosso ensino público, está muito menos na imperfeição e deficiência das leis e regulamentos que o regem, do que na insuficiência, principalmente moral, dos incumbidos de executá-los. Na sua falta, menos de competência técnica ou profissional, pois muitos a têm, mas de fervor pela sua função, e até do

---

[5] No seu *Relatório* deste ano, vol. II, pág. 98, vai ainda mais longe o mesmo ministro, pois tem a franqueza de escrever: "O ensino chegou a um estado de anarquia e descrédito que, ou faz-se a sua reforma radical ou preferível será aboli-lo de todo."
Não há ninguém que informado do seu estado, deixe de dar razão ao ministro. Mas de quem é também a culpa?
[6] Além da manifesta incompetência, não só profissional mas moral, de muitos lentes do nosso ensino superior e secundário, que são ludíbrio dos alunos e escárnio do mesmo ensino, da sua falta de assiduidade e da sua impontualidade, enormes em todos os estabelecimentos, muitos deles, não só com violação da lei, mas ofensa da moral, abrem cursos particulares bem remunerados, onde os seus próprios alunos tratam de ir aprender aquilo que eles deviam ensinar-lhes nas aulas oficiais, cursos cuja frequência lhes é uma garantia de aprovação. O Governo sabe disto e medida alguma até hoje tomou para impedir tão indecoroso abuso.

simples sentimento do dever profissional, está o mal, talvez irremediável sem uma formidável reação do nosso ensino. Todas as reformas serão inúteis se, como até aqui tem sucedido, se continuar a não praticá-las ou a apenas praticá-las na sua letra, e não no seu espírito. Não são regulamentos, ainda bons, que nos faltam, nem é de ideias, ainda sãs, como as do ministro Seabra, que carecemos, mas somente de quem seja capaz de executar e fazer executar uns e de realizar outros. Fazer seguir os atos às palavras é o sinal do estadista, quando as palavras são sensatas e os atos discretos.

A prova mais cabal, porém, de que efetivamente a República nenhum interesse real e novo tinha pela instrução publica, é que aquele ministério especialmente a ela consagrado, como um mero expediente político, pouco mais durou que a vida do seu primeiro titular, e apenas teve mais outro. Foi logo extinto, e depois de reduzido a uma simples Diretoria do Ministério da Justiça e Negócios Interiores, fundiu-se, desapareceu, com todas as funções que haviam justificado a sua criação, como departamento separado da administração pública, confundido e misturado noutra Diretoria desta mesma Secretaria, já sobrecarregada de diversos assuntos. Em 1894 a Comissão de Instrução pública da Câmara dos Deputados, propôs a criação de um Ministério de Instrução Pública e Belas Artes, acompanhando a sua proposta de um parecer justificativo redigido pelo seu relator, o sr. Medeiros e Albuquerque. Não obstante excelentemente justificada nesse parecer a necessidade de semelhante criação, como um meio de impedir que a instrução nacional não ficasse no abandono em que ia, e que não tem feito senão aumentar, o projeto nunca foi sequer tomado em consideração.

No prefácio da 1ª série dos meus *Estudos Brasileiros*, o qual é de fevereiro de 1889, disse eu que a instrução pública era no Brasil apenas uma alínea obrigada da *Fala do throno*. Pois esse mesmo lugar perdeu nas falas do trono da República, que são as mensagens presidenciais. Apenas pela ausência, ou pela insignificância das referências, brilha nesses documentos aquela entidade.[7] Quanto

---

[7] Isto é perfeitamente exato da maioria dessas falas presidenciais. Na que acaba de dirigir ao Congresso o Presidente Rodrigues Alves, no último ano da sua administração, encon-

ao interesse pessoal dos governantes por ela, posso dar, entre outros, este testemunho: em sete anos que tive a honra de dirigir o Externato do Ginásio Nacional, uma das casas do que foi de fato e é de direito, o principal estabelecimento do ensino secundário do país, nunca os presidentes da República, nem qualquer dos seus secretários a quem era aquele instituto subordinado, o visitaram ou se informaram dele comigo. Extrema confiança no seu delegado ali, ou pura indiferença? Em todo caso, descuido e desídia.

E a liberalidade, a prodigalidade poderia dizer-se, com que o governo brasileiro tem concedido iguais vantagens e regalias às do Ginásio Nacional, equiparando-os a ele para todos os efeitos legais, a quantos industriais do ensino se lhe apresentam requerendo esse favor, sem inquirir ou apenas inquirindo *pro forma,* da capacidade profissional e moral de tais solicitantes, é sobeja prova, ou da sua completa ininteligência da importância capital do problema da educação nacional, ou do seu criminoso desleixo e relaxamento, em relação a tudo o que não sejam os interesses imediatos e momentâneos da política cotidiana. Jactando-se de patriotas, e fazendo do patriotismo alardeado sem medida, nem compostura, como um reclamo à aura popular ou aos favores do poder, eles esquecem que o futuro da pátria, a sua grandeza e ilustração dependem da educação que lhe dermos hoje. Tem sido repetidamente citado o famoso conceito do maior dos pensadores americanos, o nobre idealista Emerson, de que a educação da criança deve começar cem anos antes. Na sua forma singular e aparente-

---

tram-se estas referências à instrução pública, nas quais confirma com a eminente autoridade do seu cargo e de suas responsabilidades o que no texto dizemos do descalabro do nosso ensino público:

"Em Mensagem anterior ponderei: "A instrução pública, em todas as suas diferentes fases, continua a reclamar a vossa atenção esclarecida. É um serviço que interessa vivamente ao progresso do país e não funciona com a necessária ordem e proveito. O ensino superior ressente-se de falhas que conheceis; as disciplinas indispensáveis para a admissão nos seus cursos não estão sendo bem ensinadas e os exames têm sido facilitados de tal forma que convém rever a legislação para dar moldes mais proveitosos a um serviço de tanta importância."

"Estou ainda convencido da necessidade de adotar providência que normalize esse ramo da administração pública, a fim de que se não agravem cada vez mais os males produzidos pela organização atual."

mente paradoxal, esta sentença exprime rigorosamente uma verdade profunda. A educação da criança, e mais a educação de um povo, que é a coletividade de inúmeras crianças tornadas homens, para ser perfeita e completa, e dar quanto dela se espera, deve começar gerações atrás, para utilizar também, não só a escola, que é obra de momento, e apenas um dos fatores da educação, e, por si só insuficiente, mas as aptidões adquiridas dos seus progenitores, e as granjearias da sociedade cuja é. Tal obra demanda anos longuíssimos e para ela um século seria apenas o bastante.

Em matéria de instrução pública, e, portanto, de educação nacional, da qual aquela é o fator mais imediato quando não o mais eficaz, nós estamos desbaratando ou desperdiçando o que nos legaram os nossos pais, e mostrando-nos inteiramente indiferentes ao futuro. Não hesito em afirmar que não há presentemente no Brasil um só estadista, um só homem político, um só dos nossos dirigentes que cogite seriamente, praticamente, nessa questão ou que sinceramente dela se preocupe. E no entanto ninguém dirá que, com o problema do povoamento do nosso vasto território deserto e improdutivo, que é o problema capital do nosso país, não seja o da educação nacional o que mais importa ao nosso futuro.

Cumpre-nos, pois, ou pelo Estado, já que, parece, as nossas condições ainda não dispensam o seu concurso e até a sua preeminência entre os órgãos desta função, ou pela nossa própria iniciativa de cidadãos, se ela for capaz de ir além do ensino particular como negócio, qual o temos, cumpre-nos, como quer que seja, atender com amor, com boa vontade, com competência e com espírito de verdade a este problema. De sua solução inteligente e racional depende, não me fadigo em repetir, o nosso futuro.

Não me tomem por fetichista da escola e da instrução, à maneira que poderíamos chamar romântica.

Julgo conhecer-lhes as falhas, as insuficiências, as falências. Mas indubitavelmente um dos resultados menos contestáveis dos últimos progressos das ciências biológicas e das ciências sociológicas é ter assentado a noção tumultuária da educação em bases positivas.

Naquele artigo de maio de 1892, atrás citado, já eu, dando conta do substancioso livro do sr. Fouillée, *L'Enseignement au point de vue national,* o procurava mostrar. Não me levem a mal reproduzir o que então escrevi, resumindo esse pensador, e que novos estudos e meditações não fizeram senão confirmar:

"O poder, negado por uns, exagerado por outros, da educação e da instrução, é apenas a força das ideias e dos sentimentos: não se poderia ser demasiado exigente na determinação prévia da extensão e dos limites dessa força. Esta questão psicológica é o fundamento da pedagogia.

"O sr. Fouillée, iniciando assim o seu livro, parte do princípio, por ele desenvolvido em outras obras e que constitui a base da sua reputação como filósofo, de que "toda ideia tende a realizar-se por si mesma, realizando-se efetivamente se está só e nenhuma força superior a contrabalança.

"Para o sr. Fouillée, todo o trabalho da educação é uma obra de seleção intelectual.

"O princípio da luta pela vida e da seleção, no sentido mais geral deste termo, aplica-se, segundo ele, tanto às ideias, como aos indivíduos e às espécies vivas: no cérebro produz-se uma seleção em proveito da ideia mais forte ou mais exclusiva, a qual leva consigo todo o organismo. O cérebro da criança principalmente é um campo de batalha das ideias e dos impulsos que elas desenvolvem. Imagine-se um espírito ainda vazio no qual de sopetão introduzíssem a representação de um movimento, a ideia de uma ação qualquer, como a de levantar o braço. Achando-se esta ideia isolada e sem contrapeso algum, o abalo começado no cérebro tomará a direção do braço, porque os nervos que vão ter ao braço foram abalados pela representação do mesmo braço. Consequentemente o braço se levantará. Pensar um movimento é começá-lo; ora, todo o movimento, uma vez começado, não se pode perder; comunica-se forçosamente do cérebro aos órgãos se o não detém outra representação ou outro impulso. O contágio da ideia aos membros é infalível se a ideia está só ou é predominante.

"A isto chamou o sr. Fouillée a lei das ideias-forças e ela não é, como implicitamente reconhece o seu descobridor, e como vê o leitor, senão um caso especial da teoria da seleção. Sobre esta teoria e sobre aquela lei assenta o sr. Fouillée a sua pedagogia.

"Discutindo à luz destes princípios as questões tão controvertidas da sugestão e condenando o péssimo uso senão detestável abuso que de sua aplicação à pedagogia tentaram fazer os sectários de uma teoria que passa tão perto do charlatanismo e da vesânia, o sr. Fouillée conclui com Guyau por mostrar como a educação é um fato de sugestão. "Se a introdução de sentimentos novos – diz o sr. Fouillée e não lho contestará o leitor – é possível por um meio inteiramente fisiológico, deve ser igualmente possível, pelos meios psicológicos e morais."

"Daí esta importante consequência que "os recentes estudos sobre o sistema nervoso são aptos para corrigir, por uma ciência mais completa, os preconceitos derivados da ciência contra a força da educação. A sugestão que cria instintos artificiais capazes de contrabalançar os instintos hereditários, constitui uma força nova comparável à hereditariedade; ora, a educação, diz Guyau, "é um conjunto de sugestões coordenadas e raciocinadas, pelo que se compreende à primeira vista a importância, a eficácia que ela pode adquirir, tanto do ponto de vista psicológico como sob o aspecto fisiológico."

"Desprezam-se às vezes as ideias acreditando-se que elas quase não têm influência sobre a conduta. É um erro. Em todos os sentimentos há um conjunto de ideias mal analisadas como em todas as nossas ideias existem sentimentos.

"A própria palavra tem uma força porque suscita todos os sentimentos que resume. A palavra honra, por exemplo, desperta uma legião de imagens; entrevemos vagamente, como olhos abertos na obscuridade, todas as testemunhas possíveis do nosso ato, desde nosso pai e nossa mãe até nossos amigos e nossos compatriotas, e, se for viva a nossa imaginação, ainda mais, todos os nossos antepassados que, em idêntica circunstância não hesitaram. No fundo das ideias morais há um elemento social e histórico. A palavra, produto social, é uma força social.

"O homem de gênio é frequentemente aquele que traduz as aspirações de sua época em ideias: pronuncia a palavra, um povo inteiro o segue. As grandes revoluções, morais, religiosas, sociais, realizam-se quando os sentimentos, por muito tempo represados ou apenas conscientes, chegam a formular-se em ideias e palavras: abriu-se o caminho, o fim aparece com os meios, efetua-se a seleção, e a um tempo todas as vontades se dirigem no mesmo sentido, como uma torrente que achou o ponto pelo qual é possível a passagem. O comportamento depende, pois, em grande parte, da porção de ideias que cada um adquire sob a influência da experiência, das relações sociais, da cultura intelectual e estética recebida. Cada homem acaba por ter esse conjunto de ideias e de *máximas,* que se torna a origem das suas resoluções e ações. Há mesmo na humanidade a tendência de traduzir tudo em máximas, porque a máxima é uma generalização que satisfaz o pensamento.

"Como as faculdades físicas, as do espírito desenvolvem-se no indivíduo em uma relação recíproca: a atividade intelectual, porém, é mais *independente* que as outras. Se tendes sobre uma questão de fato ou de raciocínio ideias erradas, é possível modificá-las em pouco tempo, convencendo-vos por uma demonstração ou por um fato; para modificar um hábito, uma inclinação, um sentimento são precisos meses e anos.

"A inteligência é, em relação às outras faculdades do nosso espírito, o que os olhos são para os órgãos do nosso corpo, um tato à distância. Por isso a atividade intelectual tem um poder superior para dirigir e transformar os outros gêneros de atividade. Descobrindo nas coisas aspectos novos, produz, portanto, duplo efeito: excita novos sentimentos, abre novos caminhos à ação. Toda ideia nova tende assim a tornar-se um sentimento e um estímulo, conseguintemente uma ideia-força. A inteligência é o grande instrumento da seleção voluntária. É um meio abreviativo da evolução, acelera e executa em alguns anos as seleções que exigiriam séculos.

"Nas sociedades como nos indivíduos, os produtos da inteligência e da experiência estimulam e dirigem todas as demais funções sociais. As criações religiosas, morais, estéticas, políticas, econômicas, são determinadas pelos progressos da humanidade ou no conhecimento real das coisas, ou na descoberta dos ideais. A instrução é um motor de importância principal no mecanismo social; com uma condição, porém, que influa sobre as ideias verdadeiramente diretoras e seletivas, sobre aquelas que, por sua íntima relação com o sentimento e a vontade, merecem por excelência o nome de ideias-forças.

"Discutindo em seguida as teorias da hereditariedade aplicadas à influência da educação, o sr. Fouillée mostra como longe de desaboná-la, a favorecem essas teorias. Se em virtude da lei de Galton da regressão para a média, a hereditariedade tende ao equilíbrio médio, a educação pode levantar o ponto desse equilíbrio, fazer subir o centro de oscilação, modificar a média normal, para a qual a hereditariedade produzirá a regressão. Se a hereditariedade é a grande força de conservação, a ideia é a grande força de progresso; uma garante a estática e o equilíbrio, a outra a dinâmica e movimento.

"Expondo assim as bases de sua pedagogia e os fundamentos das ideias que sobre a educação nacional vai emitir no seu livro – bases e fundamentos que nos limitamos a traduzir ou resumir, o sr. Fouillée conclui assim a sua exposição de princípios:

"Há, em suma, um meio termo entre os preconceitos pró e contra a educação. Se ela não manifesta toda a sua força, é que raramente é dirigida para o seu verdadeiro fim e por meios apropriados a esse fim. Daí resulta uma perda de forças vivas, pela neutralização mútua e pela desordem das ideias. Semeiam como quer que seja ao acaso ideias no espírito; elas germinam também ao acaso das circunstâncias externas e das predisposições internas: é a seleção fortuita como no domínio das forças materiais. Não basta instruir; cumpre que a instrução se torne por si mesma uma educação, um processo de seleção refletida e metódica entre as ideias que tendem a realizar-se em atos.

"Nós dizemos sempre instrução; outros povos dizem: cultura; e com razão. O primeiro termo leva-nos a considerar materialmente as coisas aprendidas; o outro, o grau de fertilidade adquirida pelo espírito. A educação não deve ser uma simples aquisição de saber; porém uma cultura de forças vivas, que tenha por fim obter a vantagem para as ideias-forças mais elevadas."

Não pode mais haver dúvida: podendo e devendo apoiar-se hoje em princípios científicos, a educação entrou também na sua fase positiva. Se, porém, a sua administração pode tomar desses princípios uma direção segura, a sua ação permanece ainda e permanecerá sempre dependente de circunstâncias insuperáveis, das quais a principal é o temperamento do educando. A educação não é uma panaceia, um remédio infalível para todos os males e eficaz em todos os casos e indivíduos, mas é um poderosíssimo modificador e diretor (e educar quer dizer dirigir) de almas, e pode-se afoitamente asseverar, que, se ela não foi mal dada, seus efeitos não são jamais completamente nulos. E como os seus efeitos se acumulam, passando de umas gerações a outras, e irradiam no meio em que se realizam, a obra coletiva da educação – que é a mesma obra do homem para o seu aperfeiçoamento e melhoria – é eminentemente, primeiro um dever nacional, depois um dever de humanidade.

Esgotada, como cremos, a influência de todas as religiões, que foram em seu tempo e no seu meio, as principais educadoras da humanidade, resta à educação leiga, inspirada nos grandes interesses humanos, e baseada na experiência e na ciência universal, continuar essa função.

E só por não refazer completamente este livro, em que o problema da educação ainda é encarado de um ponto de vista puramente nacional, acaso estreito e mesquinho, é que o republico tal e, qual, esperando aliás que o leitor inteligente, único estimável, se não iluda com o seu verdadeiro sentido, que eu presumo ser largamente humano embora sinceramente brasileiro.

Não sou um patriota; ao menos não o quero ser na acepção política deste vocábulo, assevandijado pelo uso desonesto com que com ele se qualificam os mais indignos republicanos. Amo a minha terra e a minha gente, (para dizer o meu sentimento na fórmula lapidar de Camões), mas amo-as sem os excessos e a indiscrição do que vulgarmente se chama patriotismo. Para amá-las absolutamente, como as quisera poder amar, fora para mim necessário que eu achasse nelas a verdade e a justiça, e não precisasse de lhas recomendar nestas páginas, em que aliás pus toda a minha afeição por elas. Não façamos da Pátria um ídolo, um novo Moloch, a quem tudo sacrifiquemos, ainda a nossa consciência e o nosso pensamento. O patriotismo é certo uma virtude, quando sincero, desinteressado e esclarecido. Mas como é talvez a única virtude de que nas nossas sociedades se tira lucro material, isso lhe perverte a própria essência e diminui grandemente a excelência. O abuso que dele se fez levou o grande humorista inglês, o célebre Dr. Johnson, a dizer que o patriotismo era o último refúgio do velhaco. Relanceemos os olhos em torno de nós e lhe verificaremos a exatidão do asserto. O amor que possamos ter à nossa pátria só será legítimo e profícuo, se nos for um estímulo para, melhorando-nos a nós mesmos, a melhorarmos também, e se não pretendermos isolá-la do resto da humanidade. É por esta que afinal devemos trabalhar, ainda na obra da educação nacional, e esta, pena de ser imoral e degradante, há de desprender-se inteiramente de todo o sentimento de egoísmo coletivo, que no fundo, como demonstrou H. Spencer, e o sentimos todos, é o fundamento do patriotismo.

Levantemos os nossos corações, e não temamos dizer à nossa pátria a verdade que julgamos dever aproveitar-lhe. Nada nos obriga a ter com ela os escrúpulos respeitosos de filhos para com suas mães. Como diz um publicista americano, "nós somos filhos de nossa pátria; nós somos a nossa pátria. 'O governo republicano', acrescenta ele, 'é uma companhia por ações, em que cada cidadão é um membro com o direito essencial de objetar, mas não o de desobedecer'."[8]

Até esse direito de desobedecer nós lhe reconhecemos, quando a nossa consciência nos mostrar claramente que as conveniências da humanidade, da justiça e da verdade, devem prevalecer às da nossa pátria, da iniquidade e da mentira.

---

[8] Albert B. Hart, *Practical Essays on American Government*, New York, 1894, p. 101.

INTRODUÇÃO
(da primeira edição)

Faz um ano, examinando contristado a situação moral do Brasil, no prefácio do livro *Estudos Brasileiros,* concluía eu essa desanimadora revista por estas palavras: "Em meio do desalento geral e da funda descrença que lavra não só os espíritos que o vento do ceticismo tinha preparados, mas ainda o povo estranho aos embates do pensamento moderno, surge apregoando-se capaz de regenerar o país a ideia republicana." E, tendo singelamente declarado o meu pensamento a respeito da intuição do republicanismo militante no Brasil, e da impossibilidade da federação com a monarquia, reparava: "Pois bem, forçosamente republicano, não porque acredite na eficácia e infalibilidade da república, na qual vejo apenas uma resultante e não um fator, uma fórmula governamental mas não a forma definitiva que ainda escapa às nossas previsões, porém por julgá-la determinada pelas nossas circunstâncias políticas e evolução histórica, é, senão com hostilidade, ao menos sem nenhuma simpatia que encaro o atual movimento republicano, fadado por ventura a não remoto triunfo."

Está feita a República. Somente veio um pouco mais cedo que o previam quantos os destinos do Brasil ocupavam. Se o seu advento a alguém surpreendeu, foi àqueles que mais concorreram para apressá-lo, os parlamentaristas e os politicistas. Com esses realizou-se o *quod volumus* às avessas. Não é tempo ainda de julgar se ela cumpriu ou cumprirá as promessas feitas.

O fato da mudança de forma de governo, maiormente por causas onde não sei se o futuro historiador descobrirá alguma insigne inspiração desinteressadamente patriótica, não é, entretanto, de per si mesmo bastante para facultar-nos era nova de regeneração. As formas de governo têm um valor relativo, mesmo porque, conforme o demonstra a história e o ensinam os mais alumiados pensadores, a força progressiva das nações atua de baixo para cima e não de cima para baixo. É no povo que reside, e é a soma de seus esforços, em qualquer ordem de fenômenos, que produz a Civilização e o Progresso.

No Brasil a república pode e, devemos todos ao menos esperar, há de ser um bem, por dois motivos de ordem mais elevada que o parvoinho jacobinismo com que a preconizavam ontem ou a endossam hoje os que fazem disto uma questão de fé e sentimento.

O primeiro e acaso mais ponderoso é que, segundo disse no trecho que tomei a liberdade de citar, ela era fatalmente determinada pela nossa evolução histórica e circunstâncias políticas. Há na história uma espécie de fatalismo, a rever as leis que presidem à evolução geral da Humanidade, e que nada obstante o ingente trabalho dos pensadores desde Aristóteles, a Sociologia – ciência ainda vaga e flutuante – não conseguiu até agora estabelecer e demonstrar. A uma dessas leis, certo, obedeceu a nossa recente evolução social apenas apressada pelo fortuito de uma causa que logicamente a não devia produzir. É que na história o acaso, segundo o pensar de Littré, não é um efeito sem causa, mas um efeito produzido por um encontro de causas entre si independentes.[1]

A outra razão por que deve ser-nos a república prestadia, é comportar moldes mais amplos, formas políticas e administrativas mais largas que a monarquia, o que para nós povos americanos, mais que necessário, é indispensável à nossa evolução.

A federação, erradíssimo alvitre para salvar a caduca instituição, era irrealizável sob a forma monárquica, na qual também se

---

[1] "Transrationalisme", in *Rev. de la Phil. Posit.* Tom. XXIV, pág. 40.

não ajeitavam as reformas projetadas pelo ministério deposto com a dinastia.

Estas considerações, porém, por mais incontestáveis que sejam, não nos devem induzir a crer a simples mudança da nossa forma de governo capaz de renovar de todo em todo e para melhor o país. A história é feita com um elemento, o povo; é, pois, o povo, e não o governo quem em definitiva pode radicalmente mudar as condições de uma nação, cujos vícios e defeitos – cumpre insistir – são antes seus que dos que administram e dirigem. Sobrou por isso razão a quem disse cada povo tem o governo que merece.

Se, como forçoso é reconhecer, o estado moral do Brasil, e ainda seu estado material, é propriamente desanimador e precário e, sobretudo está muitíssimo aquém das justíssimas aspirações dos patriotas e dos gloriosos destinos que lhe antevemos, não há tão pouco negar que nem somente a monarquia e as instituições que lhe eram ministras, senão nós todos somos disso culpados.

É, pois, a nós mesmos, é ao povo, é à nação, que cumpre corrigir e reformar, se quisermos realize a república as bem fundadas e auspiciosas esperanças, que alvoresceu nos corações brasileiros.

Para reformar e restaurar um povo, um só meio se conhece, quando não infalível, certo e seguro, é a educação, no mais largo sentido, na mais alevantada acepção desta palavra.

Nenhum momento mais propício que este para tentar esse meio, que não querem adiado os interesses da pátria. Afirma um perspícuo e original historiador da pedagogia, que do estudo da história e evoluimento da educação pública resulta, entre outras, esta conclusão: "uma reforma profunda na educação pública e nacional presume uma reforma igualmente radical no governo."[2]

Nós tivemos já a reforma radical no governo, cumpre-nos completar a obra da revolução pela reforma profunda da nossa educação nacional.

---

[2] C. Issaurat, La *Pédagogie, son évolution et son histoire*, Paris, 1886, pág. 485.

II

Brasileiro nenhum, estudando com amor, à falta de talento, a sua pátria, em todas as manifestações da sua vida, na sua Política, na sua Arte, na sua Indústria, na sua Literatura, e até nos seus Costumes e Tradições, deixará de verificar consternado a pobreza do nosso sentimento nacional.

Por sentimento nacional entendo eu não só essa maneira especial de sentir, isto é, de receber e reproduzir as impressões, que distingue os povos uns dos outros, mas ainda o conjunto de impressões recebidas em uma perene comunhão com a pátria e transformadas no cérebro em ideias ou sensações que têm a pátria por origem e fim, causa e efeito. Destarte concebido o sentimento nacional é ele independente do caráter nacional, antes subordinado a causas extrínsecas de ordem física que a causas morais de ordem psíquica e é também independente do simples patriotismo político.

O Brasil, graças à unidade de raça formada pelo franco cruzamento das três que aqui concorreram no início da nossa constituição nacional, graças a não perturbação desse primeiro resultado pela concorrência de elementos estrangeiros, assim como à unidade da língua, da religião, e, em suma, das tradições que mais puderam influir naquele fato, isto é, as portuguesas, têm incontestavelmente mais acentuado caráter nacional que os Estados Unidos. E semelhante fato, escrevi eu algures,[3] nos assegura um movimento social mais lento, é verdade, porém mais firme.

Ali, onde um grave pensador alemão, o célebre dr. Strauss, não reconhece caráter nacional,[4] são muitos, diversos e desencontrados, os elementos étnicos e sociais. Há o alemão, saxônio, luterano ou evangélico; há o inglês anglo-saxônio, presbiteriano ou anglicano; há o irlandês; celto-bretão, católico, além do francês, além do negro, além do holandês, sem contar o

---
[3] "As populações indígenas e mestiças da Amazônia", in *Cenas da vida amazônica*, Lisboa, 1886, pág. 28.
[4] *L'Ancienne et la nouvelle foi*, Trad. Narval, Paris, 1876, pág. 239.

índio e o chinês, quase eliminados. Cada um guarda mais ou menos a sua língua ou o seu dialeto, e ainda a sua literatura e as suas tradições. Por causas especialíssimas e que serão ainda neste livro indagadas, esta amálgama pode produzir uma grande nação, à qual todavia mais que a nós falha caráter nacional.

Porém, singularíssima anomalia, ali, onde tal caráter quase não existe, é forte o sentimento nacional que a nós, com características muito mais distintas e maior homogeneidade nos falece. Para acentuar esta profunda diferença entre nós e aquela nação, sobejam duas causas.

Ali a desusada prosperidade nacional que a copiosíssima imigração e a abundância de excelentes terras em grande parte bastam para explicar, gerou em uma raça naturalmente desvanecida o orgulho nacional, que no americano entra por muito no sentimento a que aludo. Na coletividade como no indivíduo, o orgulho ou, se preferem a altiveza – tomada esta expressão a boa parte – é uma das forças do caráter, aquela que nos não consente baixezas e nos instiga melhorias. Em uma nação é ela por tanta maneira útil, que pode ser a causa ou estímulo do patriotismo como nos Estados Unidos.

Acolá, chegada a nação ao apogeu dos progredimentos materiais, a ponto de competir com as mais velhas e adiantadas do mundo, a consciência do trabalho feito e da relevância dos esforços de envolta com a certeza do triunfo, geraram numa raça já de si soberba o orgulho nacional, revelando-se caracteristicamente na inclinação ao grandioso e colossal. As suas cidades, as suas construções, os seus edifícios e monumentos à falta de gosto ou arte são ao menos estupendos.

No Brasil não havemos desgraçadamente de que ter orgulho nacional. Em alguma parte da sua *História da Literatura Brasileira*, observa o sr. Sílvio Romero que quando outros povos citam vaidosos os seus grandes homens ou as suas grandes obras, os seus poetas, os seus sábios, os seus estadistas eminentes, os seus poderosos escritores, nós é à nossa natureza que vamos buscar donde vangloriar-nos, e enquanto eles nos repetem os seus nomes célebres ou os seus trabalhos famosos, nós contestamos-lhes com o "majestoso Amazonas", as "soberbas florestas", os "rios gigantes", quando não vamos até errar geografia pátria falando em "montanhas que tocam as nuvens."

A educação nacional, largamente derramada e difundida com o superior espírito de ser um fator moral de nacionalismo, poderosissimamente concorreu para despertar no americano o sentimento patriótico. Teve esse grande povo a intuição de que a escola, isto é, a mesma educação prodigamente distribuída a todos os cidadãos devia de ser a cadeia que ligasse os elementos heterogêneos da nação.[5] E assim, sem obstáculo da federação e do espírito individualista do elemento anglo-saxônio ali predominante, a unidade escolar, unidade de espírito, entenda-se, veio a ser um remédio às fundas diversidades de raça, de religião e de costumes.

Não sucedeu no Brasil infelizmente o mesmo. Além de nunca lhe havermos dado a importância social que lhes mereceu a eles, jamais a espalhamos em relação sequer comparável com o que eles fizeram. E sem impedimento da nossa centralização administrativa e política, a escola brasileira, isolada na esfera de uma pura e estreita ação de rudimentar instrução primária, não teve a mínima influência nem na formação do caráter, nem no desenvolvimento nacional.

Sem orgulho patriótico – que não merece ser assim chamada a nossa parvoinha vaidade nativista – sem educação cívica, sem concorrência de espécie alguma, o caráter brasileiro, já de si indolente e mole, como que se deprimiu, e o sentimento nacional que luz pela primeira vez na luta com os holandeses e depois nos conflitos de nacionais e portugueses nas épocas que proximamente antecederam ou seguiram a Independência, esmorece, diminui, quase desaparece.

Indagando, com esta minha velha preocupação de nacionalismo, as manifestações desse sentimento nas mais características formas do sentir de um povo, na sua poesia e na sua arte, foram sempre negativos os resultados. Em abono de asserto semelhante, escrevi eu em outro ensejo: "As maiores comoções políticas ou

---

[5] V. adiante o cap. *A Educação Nacional*.

sociais por que tem passado o Brasil, como, e não falo senão de fatos contemporâneos, as revoluções de 17 em Pernambuco e 42 em Minas, os diversos movimentos sediciosos do momento da Independência, a revolução do Rio Grande do Sul, a guerra da Cisplatina ou a guerra do Paraguai, os fenômenos mais característicos da nossa nacionalidade, como a escravidão, não só como instituição jurídica mas como um fato consuetudinário, digamos assim, nada disso deixou um sinal apreciável em o nosso romance ou em a nossa poesia."[6]

Várias causas acudiram a estorvar em nós o *brasileirismo*. Direi das mais salientes.

É principal a desmarcada extensão do país comparada com a sua escassa e rareada população. Isolados nas localidades, nas capitanias e depois nas províncias, os habitantes, por assim dizer, viveram alheios ao país. Desenvolveu-se neles, antes o sentimento local que o pátrio. Há baianos, há paraenses, há paulistas, há riograndenses. Raro existe o brasileiro. É frase comum: *Primeiro sou paraense* (por exemplo) *depois brasileiro*. Outros dizem: *a Bahia é dos baianos, o Brasil é dos brasileiros*. Pela falta de vias de comunicação, carestia e dificuldade das poucas existentes, quase nenhuma havia entre as províncias. Raríssimo há de ser encontrar um brasileiro, que por prazer ou instrução haja viajado o Brasil. Durante muito tempo os estudos se iam fazer à Europa, muito especialmente a Portugal. Lisboa e Coimbra eram as nossas capitais intelectuais. As relações comerciais foram até bem pouco tempo quase exclusivamente com aquele continente e com aquele estado. Tudo isto vinha não só da geografia do país, mas também da ciosa legislação portuguesa que de indústria procurando isolar as capitanias, longe de acoroçoar as relações entre elas, preferia as tivessem com o reino. Destes diferentes motivos procede o estreito provincialismo brasileiro, conhecido sob o significativo apelido de *bairrismo*, que hostilizava e refugava de si o mesmo brasileiro oriundo de outra província alcunhando-o, no Pará por exemplo, de *barlaventista*.

---

[6] "O romance naturalista no Brasil", nos *Estudos Brasileiros*, 2ª serie, Rio, 1894.

A falta de uma organização consciente da educação pública do mesmo passo cooperou para manter esse isolamento e, como quer que seja, essa incompatibilidade entre os filhos e habitantes das diversas províncias. A educação nacional a que os Estados Unidos recorriam para reduzir e atalhar os perigos que à unidade da nação trouxesse um demasiado espírito local, nunca a houvemos, nem ainda hoje a temos aqui.

Pessimamente organizada, a instrução pública no Brasil não procurou jamais ter uma função na integração do espírito nacional. A escola viveu sempre acaso mais isolada pelo espírito que pelo espaço e topografia. Se nela se tratava da pátria, não era com mais individuação, cuidado e amor que de outras terras. Era antes vulgar merecer menos. A mesma província não foi jamais objeto de estudo especial. Porém essa, ao menos de experiência própria, e por assim dizer intuitivamente, vinha mais ou menos a conhecê-la o natural. Foi durante muito tempo numeroso o êxodo das crianças a estudar fora do país na idade justamente em que se começa a formar o caráter e o coração, e em que se recebem as primeiras e eternas impressões do amor da família e do amor da terra. Nem ao menos vinham a ser úteis esses cidadãos, assim alheados da pátria. Não iam em idade de adquirir outro saber que não aquele galantemente taxado por Montaigne de *ciência livresca*, e tornavam em geral descaroáveis da pátria e de seus costumes, e profundissimamente ignorantes dela. Muitos desses achavam-se depois – imagine-se com que sentimento nacional – à frente dos seus negócios.

O iletrado brasileiro – ainda há pouco 84 % da população – nada encontrou que impressionando seus sentidos lhe falasse da pátria e a seu modo fosse também um fator da sua educação. Não há museus, não há monumentos, não há festas nacionais. O que frequentou a escola onde lha não fizeram conhecer e amar, desadorando a leitura e o estudo, não procurou fazer-se a si próprio uma educação patriótica. Esta mesma boa vontade ser-lhe-ia aliás difícil realizar, pela falta de elementos indispensáveis. Porque, em virtude mesmo desta indiferença pelas cousas nacionais, conforme vou aqui apontando, de modo algum combatida pela educação pública, é paupérrima a nossa literatura nacionalística.

O nosso jornalismo, quiçá mais numeroso que notável, afora a política e as pequenas notícias, os *faits divers*, escassamente se ocupa do Brasil. É mais fácil encontrar nele notícia de coisas estrangeiras – europeias para ser mais preciso – que do país; e nas províncias se raro é o jornal de algum valor que não tenha uma correspondência de Lisboa ou de Paris, porventura se toparia algum que a tivesse, não de outra parte do Brasil, mas do Rio de Janeiro. Não possuímos uma única revista que leve a todos os cantos do país os trabalhos dos seus escritores, dos seus pensadores, dos seus artistas e os estudos no país feitos. Não temos ilustrações por onde fiquemos conhecendo os diversos aspectos da variada paisagem brasileira, ou as obras e construções no Brasil e por brasileiros feitas, nem os nossos homens e sucessos notáveis, nem algum raro monumento erigido.[7]

Os excelentes livros que sobre nós escreveram alguns sábios viajantes estrangeiros, ficaram até agora por traduzir e desencontradiços nos livreiros indígenas, somente na livraria de algum raro curioso de coisas pátrias, se nos deparam. Livros próprios sobre coisas brasileiras, tirante os romances que, de passada note-se, esses mesmos começam a escassear – são raros.

O desanimador resultado destes fatos infelizmente incontestáveis, é esta dolorosa verdade:

– Nós nos ignoramos a nós mesmos!

E a funestíssima consequência desta ignorância é a extrema pobreza senão falha completa de sentimento nacional.

O mencionado isolamento das capitanias primeiro e das províncias ao depois, não só determinado, segundo vimos, por condições geográficas e econômicas, como nos tempos coloniais sistematicamente acoroçoado pela metrópole como medida política,

---

[7] Aqui na capital do Pará, onde escrevo (e o mesmo, sei, acontece em geral nas outras capitais dos estados), cidade de população talvez não inferior a 80 mil habitantes, é mais difícil encontrar ou obter um livro (ou outro qualquer produto) brasileiro que qualquer obra estrangeira, mesmo alemã ou italiana. As principais revistas europeias têm aqui assinantes. A recente *Revista de Portugal* possui talvez mais de trinta. A malograda *Revista Brasileira*, creio apenas tinha uns quatro. Livro ou periódico brasileiro publicado fora do Rio de Janeiro, é para nós como se o fora na China.

preparou de longa mão o espírito regional do Brasil, e assim tornou possível sem abalo nem vexame a atual federação.

Certo não virá ao espírito de nenhum brasileiro atacar a federação instituída pela revolução de 15 de Novembro, da qual esperamos todos largos benefícios para o país. Mas somente aos políticos obsidiados pelas suas paixões partidárias, será licito cegar-se à evidência das coisas e confiar inteiramente em formas e fórmulas de governo. A confederação em si mesma tem os seus perigos que avultam num país qual o nosso, onde o sentimento regional prevalece ao nacional e onde – diga-se francamente – é latente, em alguns estados ao menos, o espírito separatista. Um publicista americano, considerando o antagonismo entre a confederação e a nação, destarte se exprime: "O estado confederado é a real antítese do princípio nacional, como a confederação é fatalmente a antagonista da nação historicamente considerada. A qualquer luz encaradas, tornam-se manifestas estas antíteses. A nação, como organismo social, supõe uma unidade orgânica; e este organismo é que a ninguém é dado transmitir. Para a confederação é artificial a existência da sociedade, formada como uma associação de homens em determinada comunidade de interesses, ou apenas como a reunião daqueles que vivendo antes separados, voluntariamente a elas acederam. É no desenvolvimento da vida histórica do povo na sua unidade, que se origina a nação; a confederação prejulga como origem da sociedade o ato voluntário daqueles que individual ou coletivamente a realizaram, e suas instituições têm apenas esse precedente formalístico."[8]

Estas diferenças fundamentais na evolução e índole da nação e da federação encerram os perigos intrínsecos desta forma, perigos que aos políticos previdentes cabe antever e conjurar. Além desses a federação brasileira encerra especialmente um outro e gravíssimo, qual é a indicada falta ou pobreza de sentimento nacional, tornando acaso prováveis, e em todo caso possíveis, as tentativas de separação.

---

[8] E. Mulford, *The Nation, the foundation of civil order and political life in United States*, Boston, 1882, pág. 324.

Estados sei eu onde o partido bastante ousado para soltar o grito de separação, estaria certo de acordar secretas aspirações e gerais simpatias, que não duvidariam talvez vir à praça manifestar-se. Um pequeno fato entre mil que o observador está nos casos de verificar: neste estado foi a velha bandeira brasileira, nunca dantes arriada diante de ninguém, nem por ninguém impunemente menosprezada, substituída no tope do palácio do governo por um estandarte de que usava o Club Republicano, branco e encarnado. Reintegrada depois – desgraçadamente com modificações infelicíssimas – até hoje, quatro meses após, não foi ainda hasteada em nenhum dos edifícios públicos do estado. Idêntico sucesso teve aqui também lugar com o nosso entre todos belíssimo hino nacional.

É este apreensivo estado do espírito público antepondo o sentimento provincial ao sentimento nacional, e gerando, em alguns estados ao menos, um claro espírito separatista, que é preciso debelar, se queremos realmente conservar intacta a gloriosa herança de nossos pais, a unidade da pátria – condição indispensável para a realização dos seus destinos.

III

Para a realização desses destinos – e deve ser esta a nossa cara, ardente e constante preocupação e esperança, como para despertar o sentimento da pátria, do mesmo passo combater o espírito separatista e acima do princípio federativo pôr a unidade moral da nação – impõe-se-nos como o mais urgente dever a criação da educação nacional.

Horacio Mann, uma dessas nobres figuras que com Franklin, William Penn, Washington, Jefferson, Lincoln e outros serão a eterna honra e a eterna glória dos Estados Unidos, declarava falando da educação pública: "O primeiro dever dos nossos magistrados e dos chefes da nossa República é de subordinar tudo a este interesse supremo. Em nossos países e em nossos dias, ninguém é benemérito do título de homem de estado, se a educação prática do povo não tem o primeiro lugar no seu programa. Pode um homem ser eloquente, conhecer a fundo a história, a diplomacia, e jurisprudência, o que lhe basta aliás para pretender a elevada condição de homem de estado: mas se suas palavras, seus projetos, seus esforços não forem por toda a parte constantemente consagrados à educação do povo, ele não é, não pode ser homem de estado americano."[9]

Deve esta também ser a preocupação constante, ativa e efetiva de quantos pretenderem não só as honras senão a honra de estadistas brasileiros. Mais talvez que os Estados Unidos pede e reclama o Brasil, tanto a difusão e exaltação da instrução pública como, e maiormente, a organização da educação nacional.

Dois países se nos oferecem contemporaneamente, como exemplo eloquente e memorável de quanto pode para a regeneração nacional a educação pública, quando servida conscienciosamente e devotadamente não só pelos governos mas por todos os cidadãos. São esses países a França e a Itália.

É principalmente dos seus escritores, dos seus poetas, dos seus publicistas, dos seus oradores, dos seus professores a obra da unificação da Itália. Cavour, como sói acontecer ainda aos mais proeminentes estadistas, não foi senão um desses homens que em dado momento histórico consubstanciam em si e representam o trabalho acumulado das gerações e as suas aspirações, que aqueles criaram, educaram e dirigiram.

O risorgimento, como a esta fase da sua vida nacional chamam os italianos, é propriamente uma resultante do trabalho gigânteo de uma nova educação, não feita somente nas escolas, porém nas universidades, na imprensa, nos livros e na tribuna. E graças a este movimento, aquela nação que apenas saía de ser *uma expressão geográfica* na dura frase de Metternich, surge-nos, vinte anos depois, na primeira linha das nações europeias.

Vencida e mutilada, diminuída no seu território e fundamente ferida no seu orgulho, é para a educação pública que se volve a França. Não é fácil dizer concisamente o que se fez em França neste intento. À Alemanha, à própria vencedora, foram-se, uns

---
[9] Apud Spuller, *Au Ministère* de *l'Instruction publique*, Paris,1888, Préface.

espontaneamente, outros em comissões oficiais, professores e pedagogos a estudar naquele foco científico nem só a organização, senão os métodos, os sistemas, o maquinismo, a teoria e a prática do ensino público. E não foi somente a Alemanha o veio explorado, mais ainda a Inglaterra, os Estados Unidos, a Suécia, a Holanda, a Suíça. Estadistas que mereceram o nobilíssimo apelido de *ministros pedagogos, como* Julio Ferry, como Spuller, como Julio Simon, trataram as questões da educação pública, e isto diz muito, com a mesma atenção com que outros tratavam os assuntos da reorganização militar. Sábios como Paulo Bert, como Carlos Robin, como Miguel Bréal, como Berthelot, como Faye, deixaram os seus gabinetes e laboratórios para virem excitar o prélio sagrado a favor da educação nacional. A literatura pedagógica até então em França pouco menos de nula, desenvolveu-se em proporções extraordinárias, e multiplicaram-se a encherem bibliotecas os trabalhos teóricos e os trabalhos práticos, os trabalhos filosóficos e os trabalhos históricos, sobre as várias feições da ciência e da arte de educar. Surgiram numerosos os jornais, as revistas e as associações pedagógicas e, quase se pode dizer sem exagero, que a reorganização da educação pública mereceu aos franceses igual solicitude que a restauração da sua força militar. Em um solene congresso de professores, dizia um desses ministros acima referidos: "Foi então (depois dos desastres da guerra) que a democracia compreendeu a necessidade de transformar a instrução primária, para refazer à França, não direi um espírito novo, mas um temperamento, costumes, ideias adequadas aos seus novos destinos."[10]

Nós também temos de refazer-nos, não somente temperamento, ideias e costumes novos, senão também um espírito novo, o espírito nacional tão enfraquecido em nós. Assim urgente quanto imperiosamente o estão igualmente exigindo os nossos novos destinos.

Aqui, como ali, como por toda a parte, é à educação que compete essa tarefa.

---

[10] Spuller, Ministro da Instrução Pública, in *Rev. Pédagogique*, Tome XI, pág. 485.

Este livro – que nenhum outro valor tem senão o da intenção que o inspirou e o anima, fora a mais bela obra da minha obscura vida, o mais alto e como quer que seja exagerado galardão dos seus desvaliosos mas sinceros esforços se porventura, pudesse chamar a atenção do nosso público para esta momentosíssima questão da educação nacional.

Não é seu intuito discutir a nossa instrução pública, porém mostrar como ela carece de espírito brasileiro, como ela é alheia a qualquer ideal superior de educação, em uma palavra, como ela absolutamente não merece o nome de educação nacional, e, ao mesmo tempo indicar o que deve ser para se tornar um fator na obra augusta da grandeza da pátria.

A este escopo primário, prendem-se questões estreitamente conexas para não poderem ser esquecidas na indagação e resolução deste problema capital de preparar a pátria para bem servir a humanidade.

Precisamos ser física, moral e intelectualmente fortes, e que a Humanidade conte conosco. Para isso, porém, carecemos primeiramente ser brasileiros.

O amor da pátria alenta-se do conhecimento do seu passado, e do seu presente, e da fé no seu futuro. "Não há na história povo, conceitua um escritor francês, que não tenha devido o seu renome à magnitude de um ideal por muito tempo ambicionado e ardentemente buscado."[11] "Nos Estados Unidos, ensina-nos Tocqueville, a pátria pulsa em toda a parte e desde a última aldeia até o conjunto da União é objeto da mais viva solicitude. O habitante afeiçoa-se a cada um dos interesses do seu país como aos próprios. Desvanece-se da glória da nação, julga ver nos seus sucessos o seu próprio trabalho e com isso se orgulha. Tem pela sua pátria análogo sentimento ao que vota à família."[12]

Neste Novo Mundo, o Brasil, certo, tem direito a um eminente lugar e aos mais insignes destinos. Sejamos brasileiros com todo o ardor do nosso temperamento, mas sem langores e desfaleci-

---
[11] Le P. Didon, *Les Allemands*, Paris, 1884, pag. 11.
[12] Alexis de Tocqueville, *De la Démocratie en Amérique*, 17me édit. Paris, 1888, Tom. I, pág. 163.

mentos que o neutralizam. Não copiemos ninguém, mas estudemos tudo e todos, e principalmente estudemo-nos a nós mesmos. Tiremos do conhecimento da pátria os mesmos elementos com que lhe havemos de preparar a grandeza. Que superior aos Estados Unidos pela unidade etnológica e pela maior acentuação do caráter nacional, ela o venha a ser também por juntar às energias novas da América as delicadezas espirituais da Europa, consorciando os mais altos dotes de espírito e coração, o sentimento e a inteligência, com as máximas atividades da nossa coeva civilização industrial. Que igual aos Estados Unidos pela força, pela riqueza, por todos os progressos da arte e da indústria, lhes sejamos superior pela elevação moral da nossa concepção da vida – realizando na América, sem fazer do sucesso um critério de moralidade, o tipo ideal das futuras civilizações que apenas lobrigamos através das generosas ilusões da nossa fé no progresso indefinido.

Pará, março de 1890.

I

A EDUCAÇÃO NACIONAL

O nosso sistema geral de instrução pública não merece de modo algum o nome de educação nacional. É em todos os ramos – primário, secundário e superior – apenas um acervo de matérias, amontoadas, ao menos nos dois primeiros, sem nexo ou lógica, e estranho completamente a qualquer concepção elevada da pátria.

Pode ser um meio – bom ou mau, não é nosso propósito discuti-lhe o valor – de mera instrução, mas não é de modo algum um meio de educação, e sobretudo de educação cívica e nacional. Ora, toda a instrução cujo fim não for a educação e, primando tudo, a educação nacional, perde por esse simples fato toda a eficácia para o progresso, para a civilização e para a grandeza de um povo.

Nada absolutamente distingue a instrução pública brasileira da instrução pública que se poderia dar em outro país, e na escola brasileira o Brasil, quase se pode dizer parodiando um dito célebre – brilha pela ausência. Amontoar matérias, não ligadas entre si por nenhuma ideia moral superior, e ensiná-las bem ou mal, não é educar ou, segundo o conceito de Spencer[1] preparar o homem para a vida completa, como membro da família, da pátria e da humanidade.

Depois de expor o plano da instrução em uma democracia, Paulo Bert observava: "Nada disto tudo é a educação, senão a

---

[1] *L'Éducation intellectuelle, morale et physique*, Biblioth. utile, pág. 7.

matéria da educação, e não a educação propriamente dita. O que é agora necessário é que a vida circule no meio de todos estes conhecimentos e que os anime. Sem ela todo este conjunto de fatos que carregaram a memória e sobre-excitaram a inteligência, poderão formar um negociante sagaz, um hábil industrial, talvez um sábio ou um poeta, mas não um homem ou um cidadão. Ora, a vida, quem a pode dar é o ensino cívico e moral."[2]

Esta mesma fundamental diferença entre a mera instrução e a educação fazia-a sentir a respeito do Brasil, o sr. Ramalho Ortigão num artigo em que com singular maestria debuxou o *Quadro Social da Revolução Brasileira*:

> "Uma casa provida de bons livros, escreve ele, de bons laboratórios, com bons programas de ensino, bons mestres, bom ar, boa mobília e boa luz, é, quando muito, uma fábrica de ciência."
> "Para que se transforme num instituto de educação é preciso que nele se imponha à mocidade, por meio da mais rigorosa disciplina o sentimento da solidariedade social, o espírito de esforço e de sacrifício na subordinação ao dever, a regularidade, a exatidão, a firmeza do porte, de acordo com a firmeza do caráter, em todos os atos da vida. Só assim se formam cidadãos, o que é uma coisa diferente de formar bacharéis."[3]

É esta a causa do grande mal, da profunda diátese que nos mina e arruína – não termos, não havermos jamais pensado em ter educação nacional.

Nas nossas escolas a geografia é uma nomenclatura de nomes europeus principalmente; a geografia pátria, quase impossível de estudar pela ausência completa dos elementos indispensáveis, resume-se a uma árida denominação também; a história pátria em geral existe apenas nos programas, e quando excepcionalmente ensinada cifra-se na decoração ininteligente de péssimos compêndios tão feitos para despertar os sentimentos nacionais como se se tratasse da história do Congo; a cultura cívica não existe de modo nenhum, assim como a cultura moral; o livro de leitura, por sua

---
[2] *Leçons et Discours,* Paris, pág. 408.
[3] *Revista* de *Portugal,* Tome. II, pág. 22.

vez, o livro de leitura que é acaso a mola real do ensino, mantém a mesma indiferença patriótica, e as suas páginas são páginas brancas para a geografia e a história da pátria.

São os escritores estrangeiros que traduzidos, trasladados ou, quando muito, servilmente imitados, fazem a educação da nossa mocidade.

Seja-me permitida uma recordação pessoal. Os meus estudos feitos de 1867 a 1876 foram sempre em livros estrangeiros. Eram portugueses e absolutamente alheios ao Brasil os primeiros livros que li. O *Manual Enciclopédico* de Monteverde; a Vida de *D. João de Castro* de Jacinto Freire (!) os *Lusíadas* de Camões, e mais tarde, no Colégio de Pedro II, o primeiro estabelecimento de instrução secundária do país, as seletas portuguesas de Aulete, os *Ornamentos da Memória* de Roquete – foram os livros em que recebi a primeira instrução. E assim foi sem dúvida para toda a minha geração.

Acanhadíssimas são as melhorias desse triste estado de cousas, e ainda hoje a maioria dos livros de leitura se não são estrangeiros pela origem, são-no pelo espírito. Os nossos livros de excertos é aos autores portugueses que os vão buscar, e a autores cuja clássica e hoje quase obsoleta linguagem o nosso mal-amanhado preparatoriano de português mal percebe. São os Fr. Luis de Souzas, os Lucenas, os Bernardes, os Fernãos Mendes e todo o classicismo português que lemos nas nossas classes da língua, que aliás começa a tomar nos programas o nome de língua nacional. Pois se se pretende, ao meu ver igualmente, começar o estudo da língua pelos clássicos, autores brasileiros, tratando coisas brasileiras, não poderiam fornecer relevantes passagens? E Santa Rita Durão, e Caldas, e Basílio da Gama, e os poetas da gloriosa escola mineira, e entre os modernos João Lisboa, Gonçalves Dias, Sotero dos Reis, Machado de Assis e Franklin Távora, e ainda outros, não têm páginas que sem serem clássicas resistiriam à crítica do mais meticuloso purista?

Neste levantamento geral que é preciso promover a favor da educação nacional, uma das mais necessárias reformas é a do livro de leitura. Cumpre que ele seja brasileiro, não só feito por brasileiro, que não é o mais importante, mas brasileiro pelos assuntos, pelo espírito, pelos autores trasladados, pelos poetas reproduzidos e pelo sentimento nacional que o anime.

Que se ele nos der *lições de coisas,* não nos venha ensinar indústrias, ocupações e usos que nos são completamente alheios, postergando as manifestações, embora humildes por ora, da nossa pequena atividade industrial. Que em vez de exclusivamente nos ensinarem o que é e como se prepara a lã ou o vidro, ou uma casa por processos inteiramente europeus; como nos devemos aquecer, nós que não temos disso necessidade, e quais são os usos e empregos de madeiras e outros materiais que não possuímos,[4] nos mostrem o que é, onde e como se cultiva a borracha, quais os seus empregos e qual a higiene profissional do seringueiro; que nos inculquem as noções mais claras, mais exatas e mais novas sobre a cultura do café, do cacau, da cana ou do algodão, sobre as indústrias pecuárias ou as indústrias caseiras; como nós poderíamos fazer o queijo e a manteiga ou como se constrói e, principalmente, como se deve construir a casa brasileira para que ela satisfaça plenamente as exigências da higiene, do conforto e das necessidades especiais do nosso clima.

Que o livro de leitura com páginas de nossos poetas e prosadores, e páginas sobre assuntos brasileiros, nos traslade, originais ou traduzidas, narrativas dos grandes viajantes que percorreram o nosso país, como Martius, como Agassiz, como Couto de Magalhães, como Saint-Hilaire, como Severiano da Fonseca, ou dos que fizeram a nossa história, os Rochas Pittas, os Southeys, os Porto Seguros, os João Lisboas. Os mesmos velhos cronistas, os Vicentes do Salvador, como os Anchietas e os Nóbregas, os Jaboatãos, os Vasconcellos ou os José de Moraes, com um pequeno trabalho de lhes modernizar a linguagem, quantas páginas tão perfumadas do sabor da pátria antiga que não davam, juntamente com o ensino dos primórdios da nossa vida!

Não basta, porém, conhecer a pátria no seu solo, nos seus acidentes naturais, na sua natureza, no seu clima, nas suas produções, na sua atividade e na sua riqueza; não é suficiente saber-lhe as ori-

---

[4] Esta crítica cabe a quase todos os livros de *lições de coisas* feitos ou traduzidos no Brasil, com exceção da notabilíssima tradução e adaptação do livro de Calkins pelo sr. Rui Barbosa, o qual aliás apenas seria prestável nas classes elementares.

gens, como se povoou e se desenvolveu, qual o seu contingente à civilização ou os seus elementos de progresso, as lutas que teve de sustentar, os triunfos que obteve ou os revezes que sofreu: é necessário mais, é indispensável, em um país livre principalmente, em especial numa república, conhecer as suas instituições, em si e nas suas origens, saber-lhe as leis com as obrigações que impõem e os deveres que garantem, estudar as leis gerais de moral, de economia e de política que presidem às sociedades e estabelecem e dirigem as relações entre os seus membros; aprender a solidariedade nacional na solidariedade escolar, e a noção do dever cívico, do dever humanitário e do dever em geral, no dever e na disciplina da escola. O conhecimento destes diversos aspectos da pátria, não já como *região*, não já como *nação*, senão como *estado*, como uma sociedade cujos fins, conforme os de todo estado, são o desenvolvimento das faculdades da nação, o aperfeiçoamento da sua vida,[5] constitui a educação cívica.

Bem compreendida, a educação cívica deve ser a generalização de toda a instrução dada na escola para fazê-la servir ao seu fim verdadeiro, que é, com a cultura moral e intelectual do indivíduo, a educação nacional.

Essa face da educação escapou até hoje à organização do nosso ensino escolar, do qual devera ser como a cúpula e remate. E assim o edifício da nossa educação pública ficou sem alicerces – o estudo do país – e sem acabamento – a cultura cívica.

Reclamando-a para o país, em 1882, dizia brilhantemente o sr. Ruy Barbosa no copioso relatório com que justificou o projeto de reforma do ensino a comissão cujo era relator: "Obrigatória hoje na escola americana, na francesa, na suíça, na belga, na alemã, na italiana, em toda a parte, digamos assim, esta espécie de cultura não carece de que a justifiquemos aqui. Tereis instituído realmente a educação popular, se a escola não derramar no seio do povo a substância das tradições nacionais? se não comunicar ao indivíduo os princípios da organização social que o envolve? se não imprimir no futuro cidadão ideia exata dos elementos que concorrem na vida orgânica do município, da província, do Estado? se

---
[5] Bluntschli, *Théorie générale de l'État,* trad. Riedmatten, Paris, 1881, pág. 286.

não lhe influir o sentimento do seu valor e da sua responsabilidade como parcela integrante da entidade nacional?"[6]

É isto que nós não temos e que faz da nossa organização da instrução pública uma espécie de conjunto amorfo, perfeitamente inútil como fator da civilização nacional, a qual fica assim entregue somente à ação inconsciente das forças progressivas, dinâmicas diria melhor, que as sociedades encerram.

Uma educação para ser nacional precisa que a inspire o sentimento da pátria, e que a dirija um fim patriótico. "A ideia que fazem nos Estados Unidos da instrução pública, diz Hippeau, é conforme os princípios democráticos aos quais se subordina tudo no país verdadeiramente mais livre da Terra: ela tem por fim formar cidadãos."[7] E Paroz, reconhecido por juiz competentíssimo[8] como "um dos escritores de mais justa reputação em matéria de ensino" fazendo sentir que "é a escola a pedra angular da grande república," e expondo os princípios que a inspiram e dirigem, deixa manifesto que "o conjunto desses princípios tem por fim, mantendo a unidade da escola, conservar-lhe um caráter nacional e democrático, e formar esse espírito público que caracteriza o cidadão americano."[9]

Esse espírito que anima e vivifica a instrução e lhe dá um caráter nacional, e o qual embalde procuramos na escola primária do nosso país, escusado é buscá-lo alhures, na secundária ou na superior.

Entretanto se é na escola, como o centro real da verdadeira educação popular, onde mais deve avultar e se revelar, em nenhum dos ramos do ensino é supérfluo, como não é em qualquer manifestação artística, literária, e até científica e industrial de um povo que tem alguma originalidade e sentimento nacional.

Não há quem ignore a ação poderosíssima do ensino superior na obra da unidade alemã. "Foi nas universidades e não alhures, escreve juiz autorizadíssimo, que se gerou e se desenvolveu a ideia da unidade alemã; foram as universidades que resuscitando um passado

---

[6] *Câmara dos Deputados. – Reforma do ensino primário e várias instituições complementares da instrução pública.* – Parecer e Projeto, Rio de Janeiro, 1883, pág. 217.
[7] Hippeau, *L'Instruction publique aux États-Unis*, Paris, 1878, pág. 3.
[8] Rui Barbosa, *Primeiras lições de coisas*, por Calkins, Preâmbulo do tradutor, pág. VII.
[9] Jules Paroz, *Histoire Universelle de la Pédagogie*, Paris, 1883, pág. 364.

esquecido despertaram com o sentimento patriótico, o ardor belicoso dos antigos germanos, e atiçaram com uma perseverança sem exemplo o ódio contra a França; foi nas universidades que se formaram os homens que dirigiram ou secundaram esse grande movimento nacional, cujos terríveis efeitos experimentamos."[10]

A ação nula da instrução pública do Brasil na formação do sentimento nacional, não foi suprida ao menos por outros elementos que indiretamente o despertassem e desenvolvessem. A literatura – causa e efeito do espírito de um povo, mas no período inicial antes efeito que causa – a literatura, como aliás tem sido assaz notado, não procurou nem inspirar-se no espírito popular, nem dirigi-lo. O povo também, por sua vez, conservou-se-lhe estranho.

Quase se pudera dizer negativa a ação da literatura brasileira como agente da educação nacional, que ela transviou, ou pela servil imitação clássico-portuguesa, ou pela errada compreensão do romantismo e presentemente do naturalismo, ou pela ininteligente imitação estrangeira, francesa principalmente.

Não existindo entre nós arte, faltou-nos também esse elemento de educação nacional, a qual não achou igualmente recurso em certos meios mais indiretos ainda, mas não menos úteis e eficazes, como os museus, as coleções históricas, os monumentos e a celebração das épocas e datas gloriosas ou simplesmente felizes da nossa história.

Indicada e estabelecida a inteira deficiência da nossa educação pública, ficam por isso mesmo assentados quais são os elementos indispensáveis para dar-lhe o caráter nacional que lhe falece e que os interesses da pátria estão instantemente exigindo.

Além da parte desta tarefa que propriamente pertence à escola ou antes à instrução pública em geral, porção considerável dela incumbe a nós todos.

O Governo decretou os dias de festa nacional. Não os deixemos cair logo em desuso, como na monarquia. Que não sejam apenas um dia feriado, mas dias de festa, e que todos os anos, constantemente, os jornais, os oradores populares, os mestres re-

---
[10] Dreyfus Brisac, *L'Éducation Nouvelle*, Paris, 1882, pág. 219.

cordem e rememorem ao povo os fatos que tornaram tais dias beneméritos da nossa consagração.

Um escritor francês que nos intuitos mais nobremente patrióticos peregrinou pela Alemanha, o já citado padre Didon, diz que entre o meios de educação patriótica devem contar-se ali as festas nacionais. E assim as descreve: "Enchem estas festas de regozijo a população inteira. Não lhes soa nenhuma voz, nem um grito discordante. As que testemunhei, algumas vezes testemunha contristada, respiram um ardente amor da pátria. Tenho ainda de memória o aniversário de Sedan em Augsburgo: as bandeiras palpitando em todas as janelas, o povo endomingueirado, música e concertos por toda a parte; na praça da matriz, o monumento fúnebre elevado aos soldados mortos durante a guerra de 1870, sumia-se debaixo das coroas, dos ramos de loureiro e das sempre-vivas." "Assim se conserva, pondera o patriota francês, e cresce o patriotismo alemão, abrangendo todas as coisas, animando todas as instituições, enlaçando na unidade todos os filhos da raça germânica."[11]

Não há talvez povo civilizado, à exceção do nosso, em que os dias da pátria não sejam verdadeiramente dias de regozijo público, de festas nacionais não só nos calendários, mas na rua e no coração de todos os cidadãos.

Nos Estados Unidos – exemplo que é preciso citar, pois são, como nós, um povo de ontem – é imenso e sempre entusiasticamente manifestado o amor das suas tradições, o apreço pelas coisas pátrias. O 4 de Julho é ali solene e universalmente festejado. Ao seu Washington (é certo que são raríssimos os Washingtons) elevaram um dos mais altos monumentos do mundo, e de sua casa fizeram uma memória e um museu cívico. Os seus homens notáveis são-lhes objeto de culto patriótico, e, com o característico desvanecimento anglo-saxônio por vezes aumentam e exageram-lhes os merecimentos, o que revê ainda o sentimento nacional.

Não descuremos mais nós também o que é nosso; suscitemos a educação cívica donde sairá o sentimento nacional e com ele o amor da nossa pátria, indispensável para a fazermos grande, poderosa e invejável.

---
[11] *Obra citada*, pág. 303.

II
AS CARACTERÍSTICAS BRASILEIRAS

Cumpre-nos ter a coragem de afrontar com a nossa situação, de dizer lealmente e completamente a verdade. *Ubi veritas, ibi patria*, ensinou o filósofo. É necessário, pois, esteja a verdade na pátria, para que a amemos como deve ser amada – em toda a altivez do nosso amor.

Não é absolutamente exato o cansado símile da pátria e da mãe. Mau filho fora o que saísse à praça com os vícios e defeitos daquela que lhe deu o ser. Essa, quando por angustiosa infelicidade ele não possa mais estimar, tem ainda a obrigação de venerar mesmo erradia, calando no fundo da sua alma e ocultando com ciumento cuidado os seus descaminhos. Tal é o dever infalível do bom filho.

Mau patriota, desleal cidadão fora, porém, aquele que sob não sei que falso pejo entendesse menos amar a pátria dissimulando-lhe vícios e defeitos, cuja emenda está exigindo divulgados e conhecidos.

Não, a pátria quer-se amada ainda com as suas máculas, ou, e direi melhor, com os senões e defeitos de seus filhos e de suas instituições, sob a explícita condição, porém, de que em prol de suas melhorias havemos de empregar todo o nosso amor e com ele todo o nosso esforço. Sei que no Brasil temos acaso abusado deste amor desligado de falsas conveniências patrióticas – com tanto mais merecimento à censura que os esforços empenhados na extinção dos vícios acusados, não tem sido em relação nem com o número, nem com a veemência das acusações.

Argue desamor da pátria este zelo de crítica não seguido de mais forte e positiva vontade de regenerá-la, regenerando-nos nós em primeiro lugar. As virtudes e vícios de um país não são senão as virtudes e vícios de seus naturais. Reconhecê-los no país é inculcá-los nos seus filhos.

A pátria, essa, na sua figura ideal e amada, paira acima dos nossos erros e das nossas paixões – atacar os vícios dos que a constituem ainda é estremecê-la no filial desejo de a ver não só objeto do nosso amor, mas fonte do nosso orgulho.

Desse singular costume que nos põe a publicar-lhe os defeitos, em vez de melhorá-la melhorando-nos a nós mesmos, dirá este livro as causas, e dizendo-as procurará incitar-nos a todos nós brasileiros e principalmente àqueles que tomaram a si a empresa formidável da nossa administração, a corajosamente removê-las.

Não basta estar, como até agora havemos feito, a pôr a nu, qual o sacrílego filho de Noé, ao que parece apenas pelo prazer do escárnio, as vergonhas do país; cumpre mais que tudo remediá-las, e abandonando as declamações tão de nosso gosto, pormo-nos franca e singelamente a servi-la, com a consciência de um dever individual, religiosa, humilde, mas devotada e corretamente cumprido.

O brasileiro, radicalmente político, no pior sentido desta palavra, teve o seu julgamento, e com ele o seu caráter pervertido, pela educação que lhe deram os partidos a que infalivelmente pertencia e a cuja índole – pois doutrinas e comportamento nunca tiveram distintos – subordinava todos os pensamentos e ações da sua vida social. Esta educação partidária foi a única espécie de educação cívica que tivemos.[1]

Desde a Independência e consequente gênese dos partidos políticos não conheceu a sociedade brasileira outra vida que não a

---

[1] Com se terem com a República extinto os partidos, pois se ainda não criaram outros, e a política ficou à mercê da especulação individual de grupos oligárquicos, esse mesmo fator de educação cívica desapareceu (1906).

vida política e no que esta tem de menos elevado e nobre. Nunca tivemos vida comercial, porque o comércio esteve sempre e está ainda hoje em mãos estrangeiras; nunca tivemos vida industrial, porque não temos indústria, nunca tivemos sequer vida agrícola, porque a agricultura eram os escravos que a faziam; nunca tivemos vida militar, porque nem o exigiram as circunstâncias especiais do país nem o consentiu a profunda aversão do nosso povo pelo militarismo, e, finalmente nunca tivemos vida intelectual, porque nunca tivemos movimento científico, movimento literário ou movimento artístico, e esses a um tempo fatores e resultantes da civilização, a Ciência, a Arte, a Literatura foram apenas apanágio de uma limitada minoria antes afastada que intrometida no movimento geral da nação, e jamais influenciaram a massa popular.

Balda assim de estímulos de atividade e energia, determinados em qualquer sentido pela Indústria, pela Ciência ou pela Arte, mas em definitiva em proveito da pátria, a sociedade brasileira limitou a sua exclusiva atividade à política ou, e preferível é a expressão, ao partidarismo.

Não é no Rio de Janeiro, cidade cosmopolita e artificial, que devemos estudar o Brasil, mas na província, no interior. É esse que é o Brasil, ou sejam quatorze milhões de habitantes contra os 500 mil da capital.[2]

Nada mais miserável, mais triste, mais sem atrativos a não serem os da natureza, do que as povoações do nosso interior, condecoradas algumas, verdadeiras aldeias, com o pomposo título de cidades. Para todos os efeito da vida dir-se-iam cidades mortas. Há, porém, em todas elas, ainda na mais humilde aldeia dos sertões do Pará ou de Pernambuco, da Bahia ou de S. Paulo, do Paraná ou de Mato Grosso, dois partidos, dois chefes, alguns cabos eleitorais, os adeptos indispensáveis e, ao menos em vésperas de eleição, uma vida relativa. Não acharíeis ali algum gênero indispensável à vossa vida de perfeito civilizado, mas infalivelmente, matematicamente

---

[2] No Brasil até hoje a estatística de sua população é feita por palpite do nosso mau patriotismo. Esse elevaria facilmente aqueles algarismos a 20 e a 1 milhão, respectivamente (1906).

encontraríeis o liberal e o conservador, inimigos políticos e particulares decididos e irreconciliáveis. Nenhum deles saberia por que era antes liberal que conservador e vice-versa, nem mesmo sobre os negócios locais dar-vos uma opinião, senão justa e sensata, ao menos própria e chã, não inspirada pelo seu partido e nele corrente; ambos, porém, lá teriam os seus preconceitos, as suas ideias feitas, os seus juízos assentados, as suas paixões às vezes violentíssimas, o seu fanatismo partidário, e, característica dominante, a ingênua crença na inerrância do seu partido, com a fé profunda na indefectível falibilidade do outro.

Pois bem, desde esta aldeia perdida lá na margem de um recôndito afluente do Paraguai ou do Paraná, do S. Francisco ou do Amazonas, ou debruçada em alguma pitoresca encosta dos Cariris da Borborema, ou da Mantiqueira, até as capitais mais adiantadas, a intuição política é a mesma, absolutamente a mesma.

Imagine-se daí a viciação dos juízos e finalmente do caráter que se não exercendo em nenhuma outra espécie de luta senão na chicana, na intriga, no mexerico político – e fazendo da política não um meio mas um fim – primeiro amolece, depois dilui-se, esvai-se, some-se, quando se não perverte e estraga.

É este o grande mal que corrói o corpo social brasileiro e envergonha a pátria, verdade que precisamos dizer e aceitar se nos queremos sinceramente corrigir: não é principalmente a atividade física, é antes a energia moral que nos falta e que torna negativas as boas qualidades que temos.

Somos, por exemplo, um povo honesto. Simples, sincero, modesto de gostos e de maneiras, desambicioso, conversável, indolente e generoso, o brasileiro conserva-se em geral estranho às desmarcadas ambições que vemos em outros povos, como a certos vícios que as qualidades contrárias entre eles desenvolvem. Os nossos estadistas, nada obstante as caluniosas acusações que os partidos contrários sistematicamente faziam sem outro intuito que atacá-los para irem por sua vez ser por eles injuriados, os nossos estadistas, cujo modestíssimo trem de casa podia competir com o dos fundadores da república americana, deixaram sempre o poder as mais das vezes mais pobres do que para lá foram. Quando foi pelo Governo provisório da República dissolvido o Senado, uma folha do Rio de Janeiro deu algumas informações sobre os recursos que tinham ou os meios de vida que iam tentar alguns desses homens envelhecidos no manejo dos negócios públicos, homens que foram deputados, que foram senadores, que foram ministros, e que agora para viver tinham de recomeçar uma profissão ou limitar-se a escassos meios. O Visconde do Rio Branco, ministro plenipotenciário, ministro da fazenda, presidente do Conselho de ministros, deputado, senador, conselheiro de estado, morreu menos que pobre, sendo a sua família imediatamente obrigada a vender-lhe os modestos móveis e a livraria, e seus amigos a fazer uma subscrição para ajudá-la a manter-se. O Visconde de Itaboraí, o Conselheiro Francisco José Furtado, o Conselheiro Buarque de Macedo, e muitos outros morreram na extrema pobreza, e o contrário disso é entre nós extraordinária exceção.

Entretanto o Brasil tem estado longe de ser bem governado. Esses homens honestos fizeram sempre uma política cuja imoralidade só é talvez ultrapassada pela dos Estados Unidos; e isto por essa falha de caráter, essa falta de energia, de decisão, de iniciativa, de combatividade, direi, que faz com que o homem que à honestidade reúne o caráter, não se contenta só em ser ele honesto mas obriga a sê-lo tudo e todos que dele dependem.

A proverbial desorganização e relaxamento da nossa administração pública, ao mesmo defeito e não à corrupção moral deve ser principalmente atribuída. Se a nossa desprotegida magistratura que os poderes públicos pela exiguidade dos vencimentos que lhe pagam colocaram entre a dependência e a miséria, levanta gerais queixas no país, tais queixas raríssimo tomam a forma de acusação de peculato, e vêm imediatamente desculpadas com reparos característicos a indicarem tibiezas de caráter, deixando-se influir por considerações alheias ao lucro sórdido. E desta sorte vão, apesar da nossa vulgar honestidade, todos os nossos serviços.

Uma das causas da liberdade ter no Brasil quase degenerado em licença, sendo o governo quem mais dela abusava, foi esse defeito do caráter nacional que tornou possível com o desleixo e o desmazelo todas as condescendências. A nossa indulgência tão peculiar por certos fatos criminosos e atos condenáveis, de que os nossos tribunais do Júri e outros tantos exemplos nos oferecem, não é, como acaso se poderia supor, fruto de uma perversão da moral, senão da debilidade e extrema bonomia do nosso caráter. No Brasil as associações que por sua natureza ou regra deviam escrupulizar na admissão dos associados, não têm melhor pessoal que as abertas a todo o mundo, porque os associados aceitam infalivelmente todas as propostas ou por nímia e complacente bondade, ou por se não comprometerem, não criarem um desafeto, ou outra desculpa em que se revê a fragilidade do ânimo.

Nacionais e estrangeiros que se têm ocupado da demopsicologia brasileira estão todos de acordo em reconhecer como a dominante de nosso caráter a indiferença, o desânimo, a passividade, a fraqueza, em suma.

"Não se pode talvez dizer, escreve o ilustre autor da *História da Literatura Brasileira,* que o brasileiro tomado individualmente, seja descuidoso de si próprio; considerado, porém, em geral, como tipo sociológico, o povo brasileiro é apático, sem iniciativa, desanimado. Parece-me ser este um dos primeiros fatos a consignar em a nossa psicologia nacional. É assinalável a propensão que temos para esperar, nas relações internas, a iniciativa do poder, e, no que é referente à vida intelectual, para imitar desordenadamente tudo quanto é estrangeiro, *scilicet,* francês. A nação brasileira não tem em rigor uma forma própria, uma individualidade característica, nem política, nem intelectual."[3]

Há cinco anos dizia de nós um geógrafo alemão: "A pior feição do caráter brasileiro é a negação ao trabalho regular; pois isto é que concorre para a terra se desenvolver tão demoradamente, e para o nacional a todo esforço de adiantar que lhe perturba o *dolce far niente* responder com o estereotipado: Paciência. Nem uma palavra se emprega talvez mais no Brasil do que essa."[4] E tratando da religião no Brasil argue claramente a nossa indiferença.

---
[3] Sílvio Romero, *História da literatura brasileira,* Rio de Janeiro, 1888, pág. 124-125.
[4] A. W. Sellin, *Geografia geral do Brasil,* trad. por Capistrano de Abreu, Rio, 1889, pág. 104.

Herndon, oficial da marinha americana que por ordem do seu governo fez com Gibbon em 1850 uma exploração no vale do Amazonas, ocupando-se do povo do Pará, depois de assentar a sua desambição, o seu amor de nada fazer e a sua satisfação em apenas gozar sem trabalho os frutos espontâneos da terra, indiferente a toda concorrência e contente desde que tem chá ou café, cigarros e a rede, e notar que no Pará os crimes são muito raros, observa, não sem graça: "Provavelmente o povo é demasiado indolente para ser mau."[5]

Estudando com admirável perspicácia e discernimento as cousas políticas do Brasil, em um artigo profético, publicado na *Revista de Portugal*, o aprimorado escritor brasileiro, sr. Eduardo Prado, nota como o nosso povo tem-se conservado estranho aos nossos mais notáveis acontecimentos, e apropositadamente reflete: "Esta inação, esta não interferência do povo verdadeiro, das grandes camadas da população brasileira nos acontecimentos públicos, é sempre observada. Um pintor brasileiro, Pedro Américo, no seu grande quadro *A Proclamação da Independência do Brasil*, retraçou o fato com toda a verdade e toda a filosofia. Vê-se nessa pintura o Príncipe Regente, a cavalo, de espada desembainhada, cercado da sua guarda de honra, dos gentis-homens da sua câmara, de vários capitães-mores e de oficiais de ordenanças. Os couraceiros, os oficiais, os da corte brandem as espadas ou agitam os chapéus, e no quadro há a vida admirável daquele momento histórico. A um canto, um homem de cor guiando um carro; arreda os seus bois da estrada e olha admirado para o grupo militar; ao longe destacando-se no fundo iluminado de uma tarde que cai sobre a paisagem melancólica, um homem do campo, um *caipira*, retém o passo à cavalgadura e voltando tranquilamente o rosto vê, de longe, a cena que não compreende. Esses dois homens são o povo brasileiro, o povo real..."[6]

---

[5] Herndon and Gibbon, *Exploration of the Valley of the Amazon*, Washington, 1853, I, pág. 344. É também, sob outra forma e com outra aplicação, o sentir do sr. Joaquim Nabuco quando no vol. I da *Vida* de seu pai observa excelentemente que: "A igualdade que reina em nossa sociedade é um efeito da indolência e não uma virtude que custe o menor sacrifício ou revele generosidade de sentimentos."

[6] "Destinos políticos do Brasil", in *Rev. de Port.*, vol. I, pág. 470.

De três ordens de fatos derivam estas características brasileiras: a etnogenia, isto é, as origens etnográficas e históricas; a geografia, ou a ação da terra sobre o homem; a educação, isto é, a influência da sociedade sobre o cidadão.

Somos o produto de três raças perfeitamente distintas. Duas selvagens e portanto descuidosas e indiferentes como soem ser nesse estádio da vida, e uma em rápido declínio depois de uma gloriosa, brilhante e fugaz ilustração. Quando iniciou a colonização do Brasil, começava a gente portuguesa a experimentar os sintomas da perversão moral que fez logo resvalar os heroicos batalhadores da Península e d'África, os ousados navegadores do mar tenebroso, os mestres de Colombo, nos cupidos tratantes da Índia. Martim Affonso de Souza, o grande explorador da costa brasileira, o fundador de S. Vicente e o mais bem aquinhoado dos donatários das primitivas capitanias, foi ao depois nas conquistas da Ásia um dos mais infamados concussionários.

Amolecido na rapina da Índia, como os espanhóis na do Peru e do México, imbecilizado nos fáceis prazeres das terras conquistadas; de um lado enfreado pelo temor da Inquisição e de outro enervado pela educação jesuítica, o povo português decaía visivelmente na época da colonização, para a qual, é de notar, ainda cooperou com os seus piores elementos.

Da nossa vida política no período da formação da nacionalidade, pertinentemente escreve notável escritor: "O povo não tinha vida autonômica, nem tinha iniciativa; a justiça lhe era ministrada como um favor do monarca. As sesmarias territoriais eram concedidas aos portugueses, que também monopolizavam o comércio. Na ordem puramente intelectual, a educação era jesuítica; desenvolvia-se a memória com prejuízo do raciocínio. A escravidão no seio das famílias veio consolidar este complicado sistema de abatimento, de alheação da vida independente. Desde o princípio, toda a população dividiu-se em duas grandes classes: senhores e escravos. Aqueles eram portugueses, ou seus descendentes; os outros – os negros e os índios! Os mestiços destas duas classes, quando livres, eram tratados com rigor, porque se tinha certeza de encontrar sua origem nas senzalas... As décadas foram passando; e o tempo foi robustecendo esta obra da injustiça e da extorsão. Daí saiu o império do Brasil, país de senhores, de grandes, de magnatas; mas terra sem *povo,* no alto sentido da palavra! E como Portugal foi sempre uma feitoria inglesa, nas relações exteriores nós o somos também, e nas internas governa-nos ainda o reino com todos os seus abusos, com todos os seus prejuízos. A nossa independência, sendo um fato histórico de alcance quase nulo, não tendo aqui havido uma revolução que afogasse os velhos preconceitos, não nos abriu uma fase de autonomia e liberalismo."[7]

Agassiz, nas suas sensatas e ainda agora aproveitáveis impressões gerais do Brasil, nota com razão que a administração das nossas províncias era, como entre os romanos, organizada principalmente no intuito de reforçar a autoridade.[8] Poderá acrescentar que ela concorreu muito por esse fato não só para o lento desenvolvimento dos recursos materiais do país, como ele aliás reconhece, mas para lisonjear a nossa natural imprevidência e falta de iniciativa.

As condições geográficas do Brasil assaz concorreram para a acentuação e desenvolvimento dessas características. Invejavelmente fértil, senão prodigiosamente ubérrima, a nossa terra é principalmente rica de produtos naturais, de fácil cultivo e recolta, dispensando assim reforços de trabalho. Este pouco mesmo, aí estava o escravo para fazê-lo, livrando quase totalmente a população civil da obrigação de trabalhar. As condições climatéricas, por seu lado, anulando a necessidade de agasalhos e tornando mais suportáveis as exigências fisiológicas da vida pela menor atividade das combustões, auxiliou o pendor à indolência que elas mesmas, principalmente do Rio de Janeiro para o norte, criavam, debilitando forças e enervando esforços, que a escravidão estava pronta para dispensar de se exercerem.

A educação desde o princípio foi a da indolência e de um fátuo menosprezo do trabalho. A primitiva sociedade, composta de maus elementos, quase não podendo constituir família senão pelo concubinato, ocupando-se exclusivamente de interesses materiais e

---

[7] Sílvio Romero, *Obra citada*, pág. 119.
[8] Agassiz (Mr. et^{mme}), *Voyage au Brésil*, trad. F. Vogeli, Paris, 1869, pág. 495.

de momento, certo, carecia de requisitos para se ocupar da educação das gerações que iam nascendo. Essa sociedade achou-se logo com um elemento terrivelmente deletério em seu seio, a escravidão.

Não é possível exagerar os males que nos trouxe a escravidão. Durante trezentos anos refestelamo-nos no trabalho, primeiro do índio depois do negro. Queiram os destinos do Brasil que não nos seja preciso tanto tempo para livrarmo-nos de uma vez do funestíssimo veneno da maldita instituição, que pela indefectível lei da justiça na história, que quer todo o erro traga em si o seu castigo, ainda hoje nos pesa e avexa! Não somente abolindo como degradando o trabalho, a escravidão consumou em nós a morte de todas as energias, já enfraquecidas pelo clima e viciadas pela hereditariedade.

Extinta a escravidão índia, o africano alegre, descuidoso, afetivo, meteu-se com a sua moralidade primitiva de selvagem, seus rancores de perseguido, suas ideias e crenças fetichistas, na família, na sociedade, no lar. Invadiu tudo e imiscuiu-se em tudo. Embalou a rede da *sinhá*, foi o pagem do *sinhô-moço*, o escudeiro do *sinhô*. Ama, amamentou todas as gerações brasileiras; mucama, a todas acalentou; homem para todas trabalhou; mulher, a todas se entregou.

Não havia casa onde não existisse um ou mais moleques, um ou mais corumins, vítimas consagradas aos caprichos do *nhônhô*. Eram-lhe o cavalo, o leva-pancadas, os amigos, os companheiros, os criados.

As meninas, as moças, as senhoras tinham para os mesmos misteres, as mucamas, crioulas e mulatas.

Nunca se notou bastante a depravada influência deste peculiar tipo brasileiro, *a mulata*, no amolecimento do nosso caráter. "Esse fermento de afrodisismo pátrio" como lhe chama o sr. Sílvio Romero, foi um dissolvente da nossa virilidade física e moral. A poesia popular brasileira no-la mostra, com insistente preocupação apaixonada, em toda a força dos seus atrativos e da sua influência. O povo amoroso se não fatiga em celebrar-lhe, numa nota lúbrica, os encantos, que ele esmiúça, numa sofreguidão de desejos ardentes. Canta-lhe a volúpia, a magia, a luxúria, os feitiços, a faceirice, os dengues, os quindins como ele diz na sua linguagem piegas, desejosa e sensual. Decididamente ela atormenta a sua inspiração, e os poetas, Gregório de Mattos à frente, fazem dela com mais franqueza e mais sensualidade no desejo, a Márcia ou a Nize de seus cantos.

Na família é a confidente da *sinhá-moça* e a amante do *nhônhô*. Graças principalmente a ela, aos 14 anos o amor físico não tem segredos para o brasileiro, iniciado desde idade mais tenra na atmosfera excitante que lhe fazem em torno, dando-lhe o banho, vestindo-o, deitando-o.

Mole pelo clima, mole pela raça, mole por esta precocidade das funções genésicas, mole pela falta de todo trabalho, de qualquer atividade, o sangue pobre, o caráter nulo ou irritadiço e por isso mesmo inconsequente, os sentimentos deflorados e pervertidos, amimado, indisciplinado, malcriado em todo o rigor da palavra – eis como de regra começa o jovem brasileiro a vida.

Que livro soberbo há a fazer sobre a educação desse rapaz desde o berço até ministro de Estado, por exemplo! Qual será o fino psicólogo e elegante estilista, mas de um espírito bem brasileiro que, sem as exagerações e ideias preconcebidas de certa escola, nos dê esse quadro verdadeiramente nosso, que, como tantos outros à falta, devido à nossa fatal tendência de imitação estrangeira, à literatura nacional! Quem nos mostrara a ação constante e poderosa e invencível na nossa vida social do *empenho* a inutilizar todos os esforços, a nulificar todas as atividades, a entibiar todas as boas vontades, descoroçoadas pela certeza de uma concorrência insuperável! E nos pintára a falta de energia para o trabalho, o amor da vida fácil, o hábito da mentira, a imbecilidade física e moral forrando-se à luta pelo rebaixamento de todas as justas altivezas, mendigando proteções, aceitando tutelas, assoalhando baixezas! Fazendo os preparatórios por empenhos, fazendo os anos acadêmicos por empenhos, formando-se por empenhos e por empenhos de toda a casta e de toda a gente, traídos os princípios proclamados, desertado o dever, desprezados os escrúpulos, metendo-se aqui, aparecendo acolá, até surgir-nos nas cumieiras sociais ou, vencido por outro de melhores empenhos, desaparecer, sumir-se num cargo miserável ou pingue, conforme lhe sorriu ou não a deusa que favorece os audazes! Mas continuemos...

Educação pública, que realmente este nome mereça, já o disse, não há no país. Há instrução pública, que é coisa diferente.

As tendências herdadas e adquiridas dos diversos elementos que vou analisando, não encontram estorvo e empecilho em qualquer espécie de cultura que procurasse sistematicamente reagir contra elas.

A vida pública de preferência as estimula e lisonjeia. A política é hoje por toda a parte mais ou menos a mesma coisa, "a mãe das frases ocas, da declamação, das ideias lôbregas, do mau estilo e das paixões injustas"[9], um fim e não um meio. No Brasil, porém, sendo tudo isso, não tem ao menos a vantagem de ser uma excitadora da opinião, um estimulante às energias sociais.

Os *meetings*, os comícios, os discursos, as orações que fora daqui congregam os cidadãos de todas as opiniões em torno de um orador, nos parecem a nós aquém de um homem de alto valor político e são meios apenas a medo e raro tentados por estreantes, ou antes por especuladores da aura popular. Aqui a política se faz em currículos, em conventilhos, em parcerias. O povo, a grande massa dos cidadãos, limita-se a votar, sem discutir nem ouvir discutir.

A esta viciosa educação política acresce a escassez do eleitorado que até dois anos era apenas de pouco mais de 200 mil eleitores, em uma população de cerca de 15 milhões de habitantes.

O que esperar de nós, pois, senão a indiferença – por aquilo a que somos quase todos forçados a ser indiferentes?

Dois aspectos principais notava eu por ocasião da proclamação da República[10] – e tristemente característicos, ressaltam da atitude do nosso povo em face do movimento donde saiu a República: a sua profunda indiferença, tão dolorosa aos espíritos preocupados do futuro da pátria, e a falta absoluta de fé nos princípios e de fixidez nas crenças, ainda na véspera apregoadas e mantidas.

"Se dessa carência de virilidade moral, que aqueles fatos traduzem, foi a monarquia a fautora ou a causa, recebeu ela o justo castigo do seu erro, pois que, aqui no Pará ao menos,[11] caiu no meio da mais glacial, da mais profunda, da mais completa indiferença.

---

[9] Jules Lemaître, in *Rev. Polit. Et Lit.*, 1885, pág. 610.
[10] Esse trabalho ficou inédito. Dá-se esta parte por ser uma impressão de momento.
[11] Por toda a parte, dizem notícias insuspeitas, foi o mesmo. É conhecida a carta do sr. Aristides Lobo, primeiro-ministro do interior da República, dizendo a mesma coisa do povo do Rio de Janeiro, que, conforme a sua frase, assistiu *bestificado* aos acontecimentos.

"A sinceridade, porém, obriga a reconhecer que à proclamação do novo governo, excetuando os seus autores, os membros do Club Republicano, os militares e alguns adventícios prontos a festejarem todos os sucessos, acompanhou a mesma indiferença."

À falta de educação pública e de educação política que acaso poderiam ter modificado a índole dos antepassados herdada e, por condições geográficas, sociológicas e mesológicas desenvolvida, há que juntar a ausência de estímulos exteriores, como fossem por um lado as guerras ou a concorrência estrangeira às indústrias e comércio nacionais, de outro as manifestações coletivas, com que os povos que têm o culto das tradições, da pátria ou de certos hábitos e costumes se agremiam e reúnem em festas, em jogos, em solenizações de grandes dias e grandes feitos.

"Causou-nos sempre – já notava eu, perdoem-me lembrá-lo, há dez anos[12] – e causa-nos ainda profunda impressão, o caráter frio, sem entusiasmo, sem vida, das nossas festas, tão em contradição com a nossa esplêndida natureza... Os grandes dias nacionais passam-nos despercebidos, quase esquecidos. Que sentimento desperta a data da nossa independência, essa data tão festejada por todos os povos? Nenhum; o povo vê-a passar todos os anos com indiferentismo glacial. Será por convicções políticas? Os outros dias nacionais, 25 de março, o juramento da Constituição; 7 de abril, uma bela página da nossa história, a expulsão de Pedro I, nem são lembrados senão por algum jornalista obrigado pela sua profissão a uma noticiazinha, ou pelo mundo oficial. Acaso este povo nega o seu apoio moral à lei fundamental do império, ou pensa que o que fizeram os homens de 1830 foi um erro político? Duvidamos.

"Mas então por que os grandes dias da pátria que despertam lá fora o entusiasmo mais ruidoso nas grandes festas populares com que se solenizam esses dias, aqui conseguem apenas acender algumas pálidas e trêmulas luminárias em cuja luz vacilante parece retratar-se a tibieza das crenças daqueles que as acendem?"

As únicas festas que reúnem periodicamente o nosso povo, e onde ele se encontra unido pela solidariedade da mesma crença e

---

[12] *Liberal do Pará*, 12 de janeiro de 1879.

das mesmas tradições, são as religiosas, ou antes, de igreja, essas deprimentes pela extrema licenciosidade que nelas reina, e de nenhum modo capazes de acordar no povo um eco sequer do sentimento nacional. Assim as do *Bonfim* na Bahia, da *Penha* no Rio, do *Rosário* no Maranhão, de *Nazareth* aqui.[13]

Tais são, mal ditas, mas sinceramente e de boa-fé expostas, a nossa situação moral e as principais, e, para o objeto deste livro essenciais, feições do caráter nacional. Não ha aí esmiuçar novidades, e muito menos escândalo. O imperfeito esboço foi arranjado com cores, tintas e linhas conhecidas, vulgaríssimas e triviais. Oferecem-se à apreciação de cada um, que o não queira fazer do natural, nos trabalhos dos viajantes desde Saint-Hilaire e Martius até Agassiz; ou Burton e em todos os escritores brasileiros, que não vivendo exclusivamente dos defeitos da nação não tiveram jamais a peito lisonjeá-los ou escondê-los. Nem hostilidade contra nós, nem falta de patriotismo, reçumam das apreciações de uns e de outros. "Consiste porventura o patriotismo, perguntarei como um valente e terso escritor brasileiro, em negar impudentemente uma verdade conhecida por tal, ou antes confessar nobremente o mal, e da grandeza dele tirar motivo e ocasião para reclamar a emenda e reforma a grandes brados?[14]" Não há negar os frutos colhidos dessa propícia franqueza de uns e de outros. Alguma cousa, infelizmente pouca ainda, havemos feito por melhorar. Não é deslembrando o diagnóstico, que se podem aproveitar os recursos da medicina. Dizer-nos a nós mesmos os nossos defeitos e vícios, é já um passo para corrigi-los. O exame de consciência, independente da confissão, é para os indivíduos e para os povos, um salutar recurso moral. Feito esse, cumpre, para não ser inútil e vão, procurar na prática das virtudes contrárias aos pecados reconhecidos, a regeneração, não pelas palavras, senão pelos atos.

---

[13] Veja-se o interessante livro do sr. Mello Moraes Filho, *Festas populares do Brasil*, Rio de Janeiro, 1888. Pena é que esquecesse a nossa de *Nazareth*, talvez a mais característica do Brasil.

[14] João Francisco Lisboa, *Obras*, Maranhão, 1864, Tome l, pág. 428.

III
A EDUCAÇÃO DO CARÁTER

A educação não é decerto, como inculcaram apóstolos demasiado convictos, uma panaceia, mas é sem contestação poderosíssimo modificador. Tristemente, mas triunfantemente, as estatísticas demonstraram a falsidade da asserção que começava a adquirir foros de axioma, que abrir escolas era fechar prisões. Mas, discutindo o valor dos métodos e sistemas, nenhum pensador há que sem paradoxo discuta e deprecie a proficuidade da instrução e a ação modificadora da educação.

Como a inteligência, como a sensibilidade, como o próprio corpo, o caráter pode educar-se e de fato educa-se, isto é, toma na mesma vida comum esta ou aquela direção, estas ou aquelas tendências, segundo as diversas influências que sobre ele atuam.

Dada a passividade do caráter brasileiro, feito de indolência, de indecisão, de indiferença, de inatividade, é dever não do governo – que é preciso refuguemos de nós esta preocupação do governo, não da administração – que não é senão nossa delegada, mas de todo brasileiro, pela sua ação doméstica e pela sua ação civil, promover com a tenacidade de uma convicção profunda a educação do caráter nacional.

Sendo o caráter o conjunto das qualidades morais, a educação do caráter não é senão o desenvolvimento do que na pedagogia prática chamamos cultura moral, ou se quiserem, não é senão a generalização desta forma da educação escolar.

A educação do caráter, entretanto, é principalmente fora da escola que se faz. Concorrem para ela não só a educação moral ali recebida em forma de preceitos, de regras, de exemplos, de conselhos, de comentários morais de fatos da vida escolar ou da mesma história, como a educação física, que enrija o corpo e solidifica a saúde, garantindo o moral de enervamentos, debilidades e nervosismos; a educação doméstica, porventura o mais poderoso agente da cultura moral e, finalmente, o meio, isto é, o complexo de forças físicas e morais que sobre nós atuam: a sociedade, a leitura, as festas, a religião, a arte, a literatura, a ciência, o trabalho.

Se é verdadeira a doutrina materialista que aos trinta anos, soldando-se as suturas craneanas, o cérebro, adquirindo sua forma definitiva, torna impossível as variações do caráter, a educação deste pode-se fazer até aquela idade e em outro meio que não o meio escolar.

Essa educação, claro está, deve começar, senão desde o berço, conforme quereriam alguns, ao menos desde os três anos, na família. Nenhum meio mais próprio e mais conveniente do que esse para encetar a educação do caráter da criança, e lançar na sua alma os gérmens que hão de desenvolver-se mais tarde no adolescente e no homem.

A constituição da família brasileira, profundamente viciada pela escravidão, ressente-se ainda de graves senões, entre os quais o mais saliente é a ausência da ação feminina. Os antigos hábitos portugueses de proscrever a mulher não só da sala mas de todas as relações sociais e domésticas, adotamo-los piorando-os. Banida da sala como com tanta insistência notou o observador Saint-Hilaire,[1] a brasileira, afastada de quaisquer convivências educadoras de sociedade e não podendo por outro lado viver sem relações procurou-as na funesta intimidade dos fâmulos. É incalculável a influência que as mucamas tiveram na família brasileira, como foi profundíssima a sua ação deletéria. E este isolamento da brasileira não era apenas, por assim dizer, material, senão moral, pois criada

---

[1] Saint-Hilaire, *Voyage dans les provinces de Rio de Janeiro et de Minas Gerais*, Paris, 1830, I, pág. 152, 210 e *passim*.

num bruto respeito do marido, não tinham suas relações caráter algum de íntimo e igual convívio.

Não há ainda muitos anos em toda a extensão do Brasil interior ela não vinha à mesa, e não sei se hoje se não encontrariam lugares onde perdure esse costume. Fato característico, a esposa brasileira tratava em geral o marido por *senhor*, e tutearem-se dois casados seria, até bem pouco tempo, raríssimo.

Junte-se a estes hábitos herdados de Portugal e aqui, repito, piorados pela sociedade que a mulher encontrava fora das salas em que não a deixavam entrar, a influência direta e indireta de duas raças selvagens, nas quais, segundo a lei geral etnológica, a mulher tem sempre um papel menos que secundário[2] e ter-se-á claramente explicada a posição da mulher brasileira.

Ora, na família a ação da mulher é maior que a do homem, não só por essa atmosfera de amenidade e delicadeza que esta cria ao redor de si, como pela sua muito maior permanência no lar e portanto mais constante e duradoura influência. Este fato só da posição da mulher na família brasileira já deixa ver quão deficiente senão dissolvente foi entre nós a educação doméstica como educação de caráter.

A mãe brasileira, como se acha notado em todos os nossos romancistas, é fraca. O seu amor maternal, sem energia como todos os seus sentimentos, é indiscreto e revela-se sobretudo pelo mimo, por um excessivo carinho e uma histérica apreensão que apenas consente ao filho arredar-se de suas saias ou do regaço de uma ama. No Brasil não é raro ver uma criança de três e quatro anos ainda ao colo. Falar a uma mãe brasileira em fazer seu filho acordar cedo, meter-se num banho frio, correr, andar, saltar, não comer guloseimas a toda a hora, é arranjar-se uma desafeição.

A educação moral reduz-se a desenvolver e fortificar o altruísmo e modificar e diminuir o egoísmo.

A educação do caráter, pois, que é a mais elevada forma da educação moral, deve começar pela educação das primeiras manifestações do altruísmo na criança. Cumpre desenvolver e educar

---

[2] Ch. Letourneau, *La Sociologie d'après l'ethnographie*, Paris, 1880, cap. X.

nelas a afeição, a necessidade de carícias, a compaixão pelo sofrimento, a liberdade, a simpatia, em suma, aquilo que um autor chama as emoções sociais.[3]

Até agora o fato já notado de haver em cada família um moleque ou moleques que eram os companheiros de brinquedos dos *sinhozinhos* e as vítimas de suas maldades, espécies de *leva-pancadas*, sobre os quais eles derivavam as suas cóleras infantis, viciava sobremaneira logo esses instintos, pela concorrência da má educação e dos maus hábitos que teria o moleque, como pelos instintos maus, depravados mesmo, que criava na criança o prazer inato nela de bater em alguém ou alguma coisa. A sensibilidade se lhe embotava logo, não somente a sensibilidade objetiva, isto é, a que faz sentir pelos outros, mas a sensibilidade subjetiva, a que nos faz sentir-nos nós mesmos. O moleque desvergonhado que apanhava, ria, chorava e entre lágrimas às vezes era obrigado a continuar o brinquedo, certo não dava à criança uma ideia elevada do brio e da dignidade, e como na criança a imitação tem uma grande influência sobre o desenvolvimento das suas faculdades morais, do seu caráter,[4] o resultado dessa convivência funesta era assemelha-la ao moleque.

O hábito de mandar, desde a tenra infância, por sua vez, bem longe de fortificar o caráter, o deprime, não só porque perverte a noção da autoridade que faz arbitrária e apenas no privilégio fundada, como porque desabitua a atividade própria e fia tudo da energia alheia.

O mais árduo problema e o mais delicado na educação do caráter é, acaso, o da educação da vontade. Entre nós, nenhum mais momentoso – porque, como ficou dito e indicado, a indecisão, a falta de iniciativa, a inconsequência na ação, são das mais palpáveis características brasileiras.

A dificuldade grande da educação da vontade está em achar o justo limite entre a vontade, energia necessária e útil, e a vontade, energia desordenada e prejudicial. Há pais e educadores que en-

---
[3] B. Perez, *L'Education dès le Berceau*, Paris, 1880.
[4] Alexandre Martin, *L'Éducation du caractère*, Paris, 1887, pág. 88.

tendem que bem educar é em tudo contrariar a criança, quebrando-lhe a vontade e fazendo-a teimosa; outros pensam que devem, para avigorá-la, consentir em tudo e satisfazê-la sempre. Erradíssimas são ambas as maneiras de conceber a educação da vontade.

Entre nós, é preciso lisamente reconhecer, a educação doméstica é defeituosíssima. É excessivamente frouxa, apesar do abuso dos castigos corporais, frouxidão que é ainda resultado do nosso caráter indiferente e lasso. Educar bem uma criança é dificílima tarefa. É um trabalho de todos os dias, de todos os instantes; trabalho de observação, de experiência, de penetração, de paciência. Nenhum porventura exige mais continuidade e sequência, e como em geral somos incapazes dessas qualidades, cedo cansamos às primeiras e certas dificuldades, e repetimos a frase habitual: *Deixa estar, a escola* (ou o colégio) *te ensinará...*

Na educação da vontade a solução do problema está não em contrariá-la mas dirigi-la, e em desafiá-la a exercer-se sobre coisas úteis e boas. "Se quisermos, diz um psicólogo de crianças, compreender a significação dos atos de uma criancinha, e dirigir sua vontade em um sentido útil e progressivo, devemo-nos bem compenetrar que todas as suas tendências, sejam quais forem, saem do egoísmo e nele se transformam."[5] Assim a questão é determinar as tendências egoísticas de cada ato de vontade na criança, e atacar a tendência e não o ato. O modo de atacá-la é questão de jeito e delicadeza, de modo a conseguir-se que a vontade, em vez de ser violentada, se exerça ainda reagindo contra si mesma. A criança que primeiro quis e depois, cedendo a uma doce violência, diz não quero mais, exerceu incontestavelmente a sua vontade, com outra vantagem, a de realizar a suprema vitória humana, qual a de vencer-se a si mesmo.

Quando a criança, porém, for apática, indolente, cumpre desenvolver-lhe a vontade, a qual não é senão uma maneira de ser da energia, incitando-a e procurando desafiar nela o sentimento do brio, da dignidade e da honra. Ela não quer brincar, incitai-a a brincar, mostrai-lhe as outras que brincam, brincai com ela, fazei-

---
[5] Bernard Perez, *La Psychologie de l'enfant*, Paris, 1882, pág. 342.

lhe sentir o atrativo dos brinquedos, arrastai-a brandamente e persuasivamente a brincar.

Há crianças – e entre nós por virtude da hereditariedade são comuns – cuja vontade ativa e imperiosa ao princípio, à primeira dificuldade desfalece. É preciso não consentir nesse desfalecimento. Cumpre animá-las, encorajá-las ajudá-las mesmo um pouquinho, deixando-lhes contudo o trabalho maior e, vencidas as dificuldades, festejar com elas o triunfo. Na educação do caráter, a disciplina doméstica é o agente principal. Essa disciplina carece de ser a um tempo severa, benevolente e constante, e não ter outro móvel senão o interesse da criança, porque, conforme judiciosamente pensa um pedagogista já citado, "a disciplina deve ser feita para corrigir as crianças de seus maus instintos e melhorar-lhes o caráter, não para proporcionar aos pais e aos mestres uma tranquilidade que o árduo trabalho da educação não admite, nem para diminuir o mais possível a sua responsabilidade."[6] Essa é a primeira regra da educação.

No Brasil, saído do duro e como quer que seja ininteligente sistema de educação portuguesa, caímos, por influência de ideias francesas, no extremo oposto. A licença que começava a caracterizar a liberdade no Brasil, é apenas o prolongamento no Estado do sistema familiar. Na família também confundiu-se licença com liberdade. Ora a melhor instrutora da liberdade não é a licença, é a disciplina, imposta como um dever moral cujo exato cumprimento eleva e não rebaixa quem a ele se sujeita.

Sob o pretexto de *educação moderna* tudo foi permitido, e a facilidade de tudo fazer em vez de, por exemplo, educar a vontade, enfraqueceu-a porque na vida prática essa vontade animada quebrantava-se às primeiras contrariedades.

É indispensável não confundir a vontade com a voluntariosidade. A vontade é uma das forças vivas do caráter, é a soma de todas as energias morais dirigidas no intuito da obtenção de um resultado que a educação moral se deve esforçar para que seja sempre útil e honesto. A voluntariosidade é o mau lado dessa

---
[6] Alex. Martin, *Obra cit.*, pág. 262.

virtude, é o capricho ridículo que faz a criança exigir a lua ou não querer beber senão no copo do taberneiro defronte, segundo a conhecida anedota brasileira. Pode-se afirmar que todo o voluntarioso é um homem sem vontade, porque só a exerceu caprichosamente, inconstantemente, variando de objeto a cada obstáculo, isto é, sempre, porquanto a exercerá principalmente sobre fatos nem sempre possíveis. Ora este perenal quebrantamento da vontade, não é, certo, o melhor meio de fortificá-la.

O melhor argumento, porém, contra o sistema em geral entre nós adaptado (ou, diria eu melhor, da falta de sistema) de consentir em tudo afrouxando até o relaxamento à disciplina, é que os povos mais viris, mais fortes e mais enérgicos são aqueles cuja educação doméstica e pública não afrouxou a disciplina e manteve em todo o seu prestígio a autoridade do mestre e da família – os ingleses, os alemães e os americanos.

Obedecendo é que se aprende a mandar, e esta verdade não escapou à profunda experiência popular que a reduziu ao anexim: *quem não sabe fazer, não sabe mandar.* "Os que mais souberam obedecer enquanto na infância", diz Alex. Martin, "não são os que mostram menos energia na vida social, com a condição, porém, de lhes não haverem enervado a vontade vedando-lhes, por uma intervenção pertinaz, os meios, digamos assim, de a educarem."[7] Se o hábito de mandar desenvolvesse a energia, o brasileiro seria um dos homens mais enérgicos, porque desde a primeira infância ele não fez outra coisa. Em algumas terras do Brasil até o cachimbo ou o cigarro era aceso por um escravo![8]

---

[7] *Obra cit.*, pag. 266.
[8] É característica a anedota brasileira:
 – Moleque!...
 – Sinhô! ...
 – Dize a este gato que sape..."
Na Amazônia existe esta variante:
 – João, tu queres mingau?
 – Quero.
 – Vai buscar a tua cuia.
 – Não quero..."

No ponto de vista social, que mais nos ocupa neste trabalho, é urgente no Brasil modificar esta parte do nosso anárquico e defeituoso sistema de educação, estabelecendo a disciplina doméstica e a escolar, desde o ensino primário ao superior, como o indispensável tirocínio para a disciplina social, base da segurança do Estado e laço da solidariedade nacional. Encarando-a a esta luz, diz Kant, citado por Alex. Martin: "Pode a obediência derivar do constrangimento e é então absoluta; ou da confiança, e então é voluntária. É importantíssima esta última, mas a primeira é extremamente necessária; porque ela prepara a criança para o cumprimento das leis a que mais tarde terá de obedecer como cidadão, mesmo quando elas lhe não agradassem."[9]

Além da educação da vontade, e do desenvolvimento do espírito de disciplina, de simpatia, de solidariedade, tem ainda a família, em estreita comunhão com a escola e com a sociedade em geral, de atacar a mentira, – que é talvez a mais saliente das nossas tachas nacionais – a dissimulação, o medo, não só diretamente, como desenvolvendo e estimulando a coragem, a verdade e a franqueza. Que péssimo não é o hábito tão nosso de meter medo às crianças com o *tutu*, com *pretos velhos,* com *almas do outro mundo,* tornando-as supersticiosas e covardes!

É o desprezo do trabalho, degradado entre nós pela deletéria influência da escravidão, um dos defeitos mais patentes do caráter brasileiro. A educação da atividade, no sentido de elevar o amor do trabalho, fazendo-o compreender como o mais belo título de nobreza do homem moderno, impõe-se, pois, especialmente à atenção e cuidados da família e dos preceptores. A extinção da escravidão não é de si mesma bastante para apagar os funestíssimos efeitos da execranda instituição, que só muito de passo ir-se-ão dissipando. É, pois, indispensável – e isto sentiram os mais bem alumiados abolicionistas – que a obra gloriosa cujo coroamento foi a Lei de 13 de maio de 88, se continue pela educação, não só dos libertandos, senão de nós todos, todos mais ou menos contaminados pela sua peçonha.

---
[9] *Obra cit.*, pág. 268.

Certo a extinção do elemento servil – segundo o eufemismo com que fugíamos de dizer a escravidão – trará forçosamente a diminuição dos serviçais gratuitos, e não se verá daqui para pouco casas, aliás pobres, em que tantos eram os servidores como as pessoas servidas. Isso nos obrigará a servirmo-nos nós mesmos, e até a servir aos outros, consoante as exigências da necessidade – mas não será bastante para destruir os efeitos, fatalmente duradouros, do mal. É a educação, largamente compreendida, dada na família, dada na escola, dada na sociedade, que pode acudir a mais prontamente remediá-lo.

Em resumo, a educação do caráter como indispensável elemento da nossa educação nacional, qual a reclamam os mais altos interesses da pátria brasileira, deve ter por fim combater em nós tudo o que deprime o nosso caráter, desenvolvendo ao mesmo tempo as qualidades contrárias.

Essa é a missão da Família, da Escola, da Sociedade, das Religiões, da Política, da Literatura, da Ciência e da Arte – se bem querem merecer da Pátria e da Humanidade.

IV

A EDUCAÇÃO FÍSICA

À mesa do *squire*,[1] após a retirada das senhoras, como na locanda em dia de feira, e na taberna da aldeia ao domingo, o assunto que, depois da questão política do dia, mais excita o interesse geral, é a criação dos animais. De volta de uma caçada, a maneira de melhorar as raças cavalares, os cruzamentos, os comentários sobre as corridas, preenchem a palestra dos fidalgos que a cavalo recolhem à sua residência; um dia de caçada a tiro nos pantanais não finda sem que tratem a arte de ensinar cães. Dois fazendeiros que através dos campos voltam do ofício de domingo, passam gostosos das considerações sobre o sermão às observações sobre o tempo, as colheitas, os gados, e daí resvala a discussão às diferentes espécies de forragens e às suas qualidades nutritivas. Na taberna, Hodge e Gilles mostram, por suas observações comparadas sobre as respectivas pocilgas, que cuidaram dos porcos de seus amos e que sabem os efeitos que este ou aquele processo de engorda neles produz. Já não é somente entre as populações rurais que o arranjo do canil, da estrebaria, do estábulo e do aprisco, é assunto favorito. Nas cidades também, os numerosos operários que possuem cães, os rapazes suficientemente ricos para se poderem

---

[1] Título dado na Inglaterra, não só aos fidalgos, mas a certos funcionários, aos capitalistas e aos que exercem uma profissão liberal.

entregar ao prazer da caça, e seus pais, mais sedentários, que tratam os progressos da agricultura, que leem os relatórios anuais de M. Mechi e as cartas de M. Caird ao *Times,* se quiséssemos contá-los, formariam um considerável total. Passai em revista a população masculina do reino, e achareis que a grande maioria se interessa pelas questões de cruzamentos, de criação, de educação de animais de uma espécie ou de outra.

"Quem, entretanto, nas conversações de depois do jantar ou nas palestras da mesma natureza, ouviu jamais uma palavra sobre a *criação* das crianças? Quando o fidalgo rural fez sua visita quotidiana às estrebarias, e ele próprio inspecionou o regime que fazem seguir aos seus cavalos, quando deu uma volta de olhos a seus gados e fez recomendações a respeito, quantas vezes sucede que suba ao quarto das crianças, examine os alimentos que lhes dão, se informe das suas horas de comida, e veja se é suficiente o arejamento da *nursery?* Em sua livraria encontram-se *O Ferrador* de White, o *Livro da herdade* de Stephens, o *Tratado de caça* de Nemrod e, em geral, leu estas obras; mas que livros leu ele sobre a arte de criar as crianças de mama e as mais crescidas? As propriedades que para a engorda do gado têm o nabo ou a colza, o valor nutritivo do feno e da palha picada, o perigo do abuso do trevo, são pontos sobre os quais é instruído todo o proprietário, todo o fazendeiro, todo o matuto. Mas qual dentre eles inquiriu se a nutrição que dá aos seus pequenos é apropriada às necessidades da natureza de meninas e meninos em crescimento? Acaso dirão, para explicar esta anomalia, que estes homens, em se ocupando dos animais, não fazem senão se ocuparem de seus negócios. Não é esta razão bastante, porque o mesmo acontece nas outras classes da sociedade. Muito poucos entre os habitantes das cidades, ignorarão que não convém fazer trabalhar um cavalo logo depois de ter comido; e todavia, se encontraria apenas um entre eles, supondo que fossem todos pais, que consigo mesmo consultasse se é suficiente o tempo que discorre entre os repastos e as lições de seus filhos! Se penetrardes o íntimo das coisas, vereis que quase sempre um homem considera o regime seguido na *nursery* como assunto que lhe deve ser estranho. *Ah! deixo isso às senhoras!* responder-vos-á ele provavelmente; e, frequentemente, o tom em que o dirá deixará manifesto que julga tais cuidados incompatíveis com a dignidade de seu sexo.

"A qualquer luz que encaremos o fato, não é singular que enquanto homens de educação consagram muito tempo e reflexão à criação de touros seletos julguem tacitamente o cuidado de criar belos homens indigno da sua atenção? As mamas que apenas aprenderam as línguas, a música e certas prendas feminis, auxiliadas por armas carregadas de velhos preconceitos, são julgadas juízes competentes da alimentação, do vestuário, do grau de exercício que às crianças convém. Enquanto isso, os pais leem livros, artigos de jornais, reúnem-se em comissões, fazem experiências e travam discussões, com o fim de descobrir quais os melhores meios de engordar os porcos! Vemos que se dão a perros para produzir um cavalo de corrida que ganhará o *Derby*; nada se faz para produzir um moderno atleta. Se Gulliver houvesse contado que os habitantes de Laputo entre si contendiam em criar o melhor possível os filhinhos das outras criaturas, e não se lhes dava de saber conforme lhes cumpria criar os seus, este absurdo pareceria igual a quantas sandices lhes ele atribui.

"A questão, entretanto, é grave. Por mais ridículo que seja o contraste, o fato que envolve não é menos desastroso. Conforme disse um espirituoso escritor, neste mundo a primeira condição do sucesso é *ser um bom animal,* e a primeira condição da prosperidade nacional, é ser a nação formada de *bons animais.* Se o desenlace de uma guerra depende muitas vezes da força e da audácia dos soldados, nas lutas industriais também, a vitória depende do vigor físico dos produtores."[2]

É assim que Herbert Spencer, o grande pensador inglês, enceta no seu sugestivo livro sobre a educação intelectual, moral e física, o capítulo que desta última trata. E esta crítica, tão cheia do excelente *humour* inglês, faz o máximo dos modernos filósofos daquela nação, ao povo que aliás mais se ocupa da educação física, ao povo em cujas escolas secundárias e superiores o tempo dado

---
[2] Herbert Spencer, *Obra cit.*, pág. 166-169.

aos exercícios corporais é quase igual ao horário votado aos trabalhos intelectuais!

O que se poderia dizer do Brasil onde a *educação física* é apenas uma vaga designação que somente agora entra a ser superficialissimamente conhecida? Aqui, estamos ainda mais atrasados, porque nem ao menos da educação dos animais tratamos, como soem fazer os ingleses, e o arremedo do *sport* britânico, que só o amor do jogo faz manter entre nós, na exclusiva forma de corridas de cavalos, é uma macaquice desinteligente e como quer que seja ridícula.

Pelo citado trecho do famoso filósofo, cujo sistema se baseia nos mais profundos estudos da biologia e da psicologia, está-se vendo como compreende ele – e com ele a maioria de pensadores e pedagogistas, a educação física.

Entre nós, quando se fala em educação física, quase se subentendem os exercícios ginásticos e principalmente os chamados acrobáticos.

Não é esta a verdadeira e utilíssima compreensão dessa forma de educação que, não obstante preconizada desde Montaigne, Locke, J. J. Rousseau, Hufeland e Fröbel,[2] apenas agora começa a sair do domínio da especulação para o da prática. Como deixa manifesto a citada passagem de Spencer, a educação física não se limita apenas, como vulgarmente se supõe, aos exercícios físicos, mas abrange a higiene, considerada esta, segundo a excelente definição de Littré e Robin como o conjunto de "regras a seguir na escolha dos meios convenientes para entreter a ação normal dos órgãos nas diversas idades, constituições, condições da vida e profissões."[3]

Como a educação espiritual (intelectual e moral) tem por fim preparar um espírito culto e bom, assim à educação física compete formar um corpo robusto e são, completando ambas o fim superior da educação, que é tornar o homem instruído e forte.

A educação física, pois, deve tomar o homem criança ainda, no berço e, através da primeira e da segunda infância, da adoles-

---

[2] Veja-se em Fonsagrives, *Entretiens sur l'hygiène*, Paris, 1881 pág. 130 e seg., a discussão dos sistemas destes filósofos.
[3] *Dictionnaire de Médécine*, Paris, 1873, verbum *Hygiène*.

cência e da mocidade, levá-lo à virilidade, que lhe cabe fazer rija e valente.

Racionalmente, essa educação conviria começar da vida intrauterina, por uma cuidadosa higiene da mãe durante o longo e melindroso período da gestação. Desde Hipócrates sabe-se que "na madre identifica-se a criança de tal forma com a vida da mãe, que a saúde de uma faz a saúde de outra," e o notabilíssimo especialista que cita este acertado conceito do profundo sabedor grego, ajunta "que não se poderia insistir demais sobre as fatais consequências para a saúde da criança, das faltas de regime e imprudências das mães."[4]

O aleitamento, a ablactação ou desmamamento, a primeira nutrição, o vestuário, para não esmiuçarmos outros elementos que notáveis teóricos da educação fazem entrar nos seus sistemas, como os mesmos objetos que cercam o infante, os sons que cumpre ele ouça, as cores que lhe devem ferir a retina, em suma todas as influências do meio circunstante, exigem atenções especialíssimas numa educação física inteligentemente dirigida. Se na Europa cultíssima estes ensinamentos de médicos e pedagogos não entraram ainda completamente na massa do público, entre nós são sequer conhecidos, com gravíssimo e incalculável prejuízo, não só para o melhoramento da população como para o seu mesmo crescimento. Acredito que se houvéssemos um serviço de estatística bem organizado e digno de fé, espantaria a cifra dos óbitos de crianças. E, como é sabido, as estatísticas europeias provam a não deixar dúvida, que a mortalidade das crianças depende consideravelmente da higiene.

Nada obstante a meiguice e carinho da mãe brasileira – o que prova que até as virtudes se querem esclarecidas – a nossa educação infantil, física como espiritual, é inteiramente primitiva e empírica.

Os nossos filhos eram entregues aos cuidados das escravas, cujo leite quase sempre eivado de vícios que mais tarde lhes comprometeria a saúde, principalmente os alimentava. Eram as

---
[4] E. Bouchut, *Hygiène de la prémière enfance*, Paris, 1885, pág. 6.

mucamas, escravas ou ex-escravas, – e isto basta para indicar o seu valor como educadoras – que de fato dirigiam a sua primeira educação física, pois eram elas quem superentendia na alimentação, nos passeios, no vestuário e nos demais atos da vida infantil. Não era raro ver meninos de oito e mais anos dormindo na mesma rede que a mucama do seu serviço que, em geral extremamente amorosa e afeiçoada a eles, não sabia recusar-lhes nada, nem ainda aquilo que evidentemente lhes podia comprometer a saúde. O que tinham de enervantes semelhantes e costumes, que, sem mentir, se não podem dizer findos, não escapará a ninguém.

Estes hábitos exigem corrigidos, e modificados de acordo com os ensinamentos da higiene e pedagogia infantil.

É desde a primeira infância que a educação física bem compreendida deve começar a sua obra de preparar gerações sãs e fortes.

Uma sociedade que se preza de civilizada e a quem não são alheios os interesses das gerações que lhe hão de suceder e preparar o futuro da nação, não pode, sem falhar aos seus deveres, postergar esse, talvez o mais caro de todos. Não lhe é dado tampouco, para o desempenho inteligente desse encargo, ignorar qual a influência que têm na educação física dos primeiros anos, e quais os cuidados que reclamam, as questões do vestuário, da alimentação, do arejamento dos quartos, da repartição das horas de refeição, de sono, ou de brinquedos, dos exercícios, das primeiras noções e dos primeiros estudos, e ainda das companhias e das coisas exteriores que cercam a criança.

É desconsolador que todas estas graves e interessantes questões, tenhamos de ir estudá-las em autores estrangeiros, cujas doutrinas nem sempre se coadunem talvez ao nosso meio. Nesta parte da educação física que incumbe à educação nacional, ao nosso corpo médico – onde, com justo desvanecimento diga-se, não escasseia o merecimento – cabe uma parte preeminente. A educação – física, intelectual e moral – tem hoje por base a psicologia, não a psicologia do nosso obsoleto e como quer que seja ridículo ensino de filosofia, mas a psicologia científica, cuja base é a biologia e a fisiologia. Sem dúvida alguma a psicologia da criança brasileira – como a do brasileiro – não é a mesma que a da criança francesa ou americana. São que farte as razões dessa diferença, a forrar-nos à obrigação de as pôr aqui. Entretanto, é aos sábios e mestres daquelas nações que vamos nós beber todo o conhecimento da psicologia infantil, que possamos ter. Aos nossos médicos, cujo concurso no ramo biológico a educação nacional reclama, cabe prover a esta penúria, que ao mesmo tempo como que vicia entre nós o problema da educação.

Na educação física, principalmente, é o seu concurso indispensável, pois estou em crer que, dadas as nossas condições de clima e de raça, a nossa constituição, o nosso temperamento, a nossa idiossincrasia, não têm absolutamente o mesmo valor os preceitos e ensinamentos dos especialistas estrangeiros relativamente ao vestuário, à habitação, à alimentação ou aos exercícios de corpo.

E é isto tanto mais relevante que, como ninguém ignora, a questão de temperamento e de idiossincrasia é capital na educação física.[5] Nem todos os exercícios convêm a todos, já como qualidade, já como quantidade. A idade, o estado de saúde, o predomínio destes ou daqueles caracteres físicos, intelectuais e morais, merecem ser tomados em consideração nesta como nas demais formas de educação. Importa, pois, e muitíssimo, possuirmos trabalhos nossos, de observação original, *brasileira*, quer sobre a nossa própria fisiologia e psicologia, quer sobre sua aplicação à pedagogia nacional.

Propriamente é na segunda infância que devem começar os exercícios de corpo, as boas caminhadas, as marchas, os diversos movimentos dos vários membros, a pé firme ou em movimento, as corridas, os saltos e, sobretudo, os jogos, como a peteca, as barras, o quadrado, o salta carneiro, a malha e toda uma coleção de jogos que nos faltam nacionalmente a nós, mas que podem e devem ser introduzidos nas nossas escolas, nos nossos colégios e – oh! cândida ilusão minha! – até nas academias e demais cursos superiores.

Isso, porém, há de ser dificílimo, dado esse enfatuamento de se fingir de homem, que distingue o *acadêmico* brasileiro, o máximo fautor da indisciplina moral que tanto está prejudicando o país. Ele é literato, poeta, discute os filósofos com uma grande erudição de catálogos, janota, *poseur*, discursador, namorador, abonecado,

---

[5] Veja-se Dr. F. Lagrange, *Physiologie des exercices du corps*, Paris, 1888.

doutor desde segundo anista – estaria abaixo dele, da sua dignidade, do seu caráter, entregar-se a exercícios de corpo, fazer ginástica, correr, jogar a bola, a malha ou o *cricket*. Como jogo, além do bilhar nas salas empestadas de tabaco e suor, aprazem-lhe apenas os de cartas ou o da *roleta*...[6]

Quase se pode assegurar que se a direção do nosso ensino superior quisesse, embora mais oficiosa que oficialmente, levar esses rapazes à prática dos exercícios físicos, a quase totalidade deles seria resistentemente avessa à inovação. Arremedarão grotescamente todas as ruins novidades parisienses de exportação, macaquearão ridiculamente os caixeiros viajantes ingleses, mas a sua vaidade infantil e o medo de exercício, próprio à nossa moleza e indolência, não lhes consentirá imitar inteligentemente as instituições e os costumes que nos cumpre adotar, se nos importa o não abastardamento da nossa raça.

Não só nos colégios, mas nas universidades e academias inglesas, suíças, alemãs, americanas e, muito recentemente, francesas, a educação física sob a forma de ginástica, dos jogos atléticos, de esgrima, de pedestrianismo, de canoagem, de equitação, é, quando não uma instituição oficial, um costume tão inveterado e tão respeitado, que quase faz lei.

Na Inglaterra, cujo povo é, incontestavelmente, o mais forte, o mais enérgico, o mais viril dos deste fim de século, os exercícios físicos são, digamos assim, uma instituição nacional. As celebérrimas regatas entre as universidades de Oxford e Cambridge, ocupam tanto a atenção desse povo grave entre todos, como a mais palpitante questão parlamentar sobre a sua política exterior. Nos colégios universitários, frequentados pela aristocracia inglesa e onde a despesa dos alunos é em média de 3 a 4 contos por ano, como Eton, como Harrow, como Rugby, nove horas por semana

---

[6] Esta crítica hoje (1906) não seria mais inteiramente justa. Nos últimos anos tem-se desenvolvido no Brasil, ao menos no Rio de Janeiro e em São Paulo, extraordinário gosto pelos desportos. E como em tudo carecemos de medida, pode-se notar até que com algum exagero, e sem aquele método e sistema que tanto contribuem para a sua utilidade nos países anglo-saxônios.

são exclusivamente consagradas em três dias diferentes aos exercícios físicos.[7]

O *cricket*, o *foot-ball*, as regatas, as grandes marchas, as corridas a pé, quantidade de pequenos jogos colegiais, a natação, a caça à raposa, a equitação, o *lawn-tennis*, o *box*, amados, espalhados e praticados por toda a Inglaterra e colônias, são a grande escola da educação física inglesa. Seus resultados aí estão patentes.

A Suíça tem a ginástica e os exercícios militares, que ali, desde a escola até a universidade, fazem de todo o cidadão um bom soldado. Possui ainda os clubes alpinos e as excursões alpinas, e as numerosíssimas sociedades de tiro, além da esgrima e dos multíplices jogos a que se entrega em geral a mocidade europeia. As grandes festas federais que ali se fazem, de tiro, ginástica, exercícios militares, recordam as grandes festas helênicas da Grécia antiga. Tais solenidades não são apenas manifestações de exercício e vigor físicos, são mais, são verdadeiros meios de educação nacional, pelos sentimentos patrióticos que despertam e pela sensação moral que deixam da solidariedade dos mesmos esforços em comum feitos e das mesmas palmas ganhas.

"A Alemanha, diz fundado em autoridades valiosíssimas o sr. Rui Barbosa, consagra à educação física um culto que se confunde quase com o patriotismo."[8] A ginástica é ali apelidada conforme Miguel Bréal, citado pelo mesmo sr. Rui Barbosa, uma *arte nacional*. Em uma conferência feita na Associação dos médicos militares alemães, o célebre fisiologista Du Bois Reymond, professor na Universidade de Berlim, afirmava que o exercício merece um lugar na ordem do dia da ciência, e analisando três sistemas de exercício, a ginástica alemã *(sic)*, a ginástica sueca e os exercícios atléticos ingleses, assevera que "a ginástica alemã, com a sua sábia mistura de teoria e prática, fornece a mais favorável solução, quiçá a solução definitiva, do tão importante problema que desde Rousseau ocupa a pedagogia."[9] Isto

---

[7] V. Philippe Daryl, *Renaissance physique*, Paris, 1888, e R. Bonghi, *Instruzione secondaria in Inghilterra*, in *Nuova Antologia*, Vol. XVI.
[8] *Obra cit.*, pág. 127.
[9] *L'Exercice, Revue Scientifique*, Paris, Tome XXIX, pág. 108.

só deixa ver a importância que na cultíssima Alemanha dão, como principal elemento de educação física, à ginástica, inteligentemente cultivada, e por sábios ilustres regulada nos seus métodos e estudada nos seus efeitos. À ginástica juntam-se os exercícios militares, os jogos e, nas universidades, a esgrima praticada como uma tradição de honra e de coragem. O serviço militar obrigatório, trabalhoso, duro, rude e sempre ativo, completa esta educação.

Os Estados Unidos conservam tradicionalmente os velhos jogos ingleses. Demais, a ginástica, sob a forma e nome especial de exercícios calistênicos, entrou desde muito no sistema geral de educação pública.

Organizando após a catástrofe a educação nacional, não esqueceu a França esta feição fundamental dela. A ginástica, acaso por demais sistematicamente organizada, e depois os exercícios militares, entraram obrigatoriamente no ensino oficial primário e secundário. Por 1888 uma reação, provocada principalmente pelos estudos sobre a educação física na Inglaterra, de Paschal Grousset (Philippe Daryl), primeiro publicados no *Temps* e depois em volume,[10] contra o sistema francês e a favor do inglês, desafiou um movimento a favor dos jogos. Desse movimento nasceu a Liga da Educação Física, que encontrando a maior simpatia e auxílio do governo, de todas as administrações, da Universidade e da população, conseguiu, sem prejuízo da ginástica, introduzir nas escolas, colégios e liceus o uso dos jogos atléticos, assim ingleses como velhos jogos franceses restaurados.[11] Um jornal especial da Liga não só informa do seu movimento e progresso, como publica constantemente conselhos de higiene, preceitos sobre a educação física e notícias de jogos, com explicações circunstanciadas e práticas das suas regras e meios.

Em todas as demais nações onde o espírito público não dorme, senão que vela continuamente pelos interesses da pátria, tem a educação física merecido particular interesse. Na Suécia, na Bélgica, na Holanda, na Áustria e na Itália faz parte dos programas escolares.

---

[10] *Renaissance physique*, Paris, 1888.
[11] Ver este movimento em *L'Éducation Physique, Bulletin de la Ligue Nationale* de l' *Éducation Physique*, Paris, Rue Vivienne, 51.

Em todos os países civilizados, médicos, fisiologistas, higienistas, pedagogistas multiplicam em livros, em revistas e nos mesmos jornais diários, conselhos, prescrições, alvitres ou direções sobre todos os diversos aspectos que pode apresentar o interessante problema da educação física.

Entre nós tudo, infelizmente, está por fazer. Existe, é certo, em alguns programas oficiais sob a exclusiva forma da ginástica, mas, ou seja porque esses programas em geral se não executam senão em mínima parte, ou seja porque os professores também a não aprenderam e menos a estimam, é essa determinação letra morta. Acresce o julgarmos que ginástica são os exercícios acrobáticos, o que de todo o ponto falseia a ideia pedagógica desse ensino.

Precisamos, neste ponto como em outros, reagir.

Cumpre fazermos entrar a educação física na nossa educação, nos nossos costumes.

Devemos, entretanto, compreendê-la largamente, cientificamente. Penetrar-nos de que ela se não limita à ginástica, cujo valor, como foi de passagem indicado, é muito relativo.

Cuidemos da higiene particular e individual, apenas entre nós conhecida, mas de nenhuma forma praticada. Introduzamos nas nossas escolas, nos nossos colégios e outros estabelecimentos de instrução primária e secundária, a ginástica, principalmente aquela que dispensa aparelhos, os exercícios calistênicos, as corridas, as marchas, os saltos e os jogos estrangeiros, pois, não temos próprios, que melhor se adaptem ao nosso clima, ao nosso meio. Que em cada cidade as municipalidades preparem pequenos ou grandes prados em parte arborizados, em parte gramados, onde os alunos dos estabelecimentos públicos e particulares, vão, conduzidos pelos mestres, em dias determinados, entregar-se a exercícios de corpo e aos salutares prazeres dos jogos atléticos. Criemos na nossa mocidade, tão fraca, tão estiolada por uma piegas literatice precoce e pelo prematuro erotismo, isso que um escritor francês, tratando estes assuntos, chama *matéria de entusiasmo*.[12] Incitemos nela esses ardores da luta física, a ver se lhe geramos o entusiasmo que

---
[12] P. de Coubertin, "L'Éducation Physique", in *Revue Scientifique*, Tome XLIII, pág. 141.

lhe falta nas lutas intelectuais e morais. Quantos pedagogistas e fisiologistas têm estudado estas questões, são acordes em reconhecer a influência poderosa da educação física sobre a inteligência, sobre o caráter, sobre a moral. E a pedagogia científica, ciência – se tal nome lhe cabe – ainda em via de formação e onde tantas são as questões controversas, é unânime neste ponto.

Suscitemos nas nossas academias o gosto por esses exercícios. Todas elas se acham em cidades onde a canoagem, sob o aspecto higiênico um dos mais completos exercícios que se possa fazer facilmente poderia ser praticada. Mas não somente o exercício de remar, porém as grandes marchas a pé, a esgrima, os jogos como o *cricket*, a malha, a pela, certo não desdourariam os nossos jovens doutores. Os que remam nas regatas de Oxford e Cambridge podem ler à primeira vista uma página de Homero ou de Demóstenes, um capítulo de Tácito ou uma comédia de Plauto, e discutiriam com grande lucidez e sólida notícia dos textos uma questão de direito romano ou pátrio. E não há quem não saiba que uma das glórias de que se desvanece o velho Gladstone, o famoso *cricket* de Eton, é de ainda septuagenário poder derrubar um carvalho a machadadas. Tem oitenta anos e dirige na Inglaterra, com a atividade e o ardor de um rapaz, a mais bela, a mais generosa, porém a mais árdua e díficil campanha política deste fim de século. Exemplos destes ali encheriam uma página, e os homens mais altamente colocados nesse país tão essencialmente hierárquico, cujos nomes figuram nos velhos registros universitários como *cricketers*, ou *boxers* de primeira força, como chefes no *foot-ball* ou vencedores nas famosas regatas, têm como uma honra apreciável presidir os *clubs* atléticos, os seus *meetings* e as suas lutas nos vários campos em que, em determinados períodos, se reúne a mocidade inglesa em prazo dado de emulação, de força, de vigor e de coragem. E não é amplificação dizer que a Inglaterra acompanha estes incidentes com um grave interesse nunca enfraquecido. Os mais graves jornais, como o *Times*, ocupam-se longamente dessas célebres partidas, com quase o mesmo interesse com que tratam as questões da política europeia. Não nos admiremos, pois, que esse povo vá conquistando o mundo; sobeja-lhe para isso força, energia e audácia.

Em se tratanto destes exercícios no Brasil, a nossa indolência nacional acode com a contrariedade do clima, que se não presta a eles, que os não consente, que os torna impossíveis.

Tais objeções são sem valia alguma, não só diante da fisiologia, como da prática. Se, como o demonstra aquela ciência, os exercícios físicos são um revigorador das energias físicas e portanto da saúde, é justamente em os climas enervadores e debilitantes como o nosso que convém mediante eles reagir contra a ação do meio físico. Segundo o fisiologista francês Lagrange, a medida fisiológica dos exercícios corporais é o afrontamento *(essouflement)* no seu terceiro período ou axfíxico.[13] Sendo assim já temos no Brasil um critério seguro na prática desses exercícios. Visto o nosso clima, o cansaço nos chegará a nós primeiro e com menor soma de força despendida que em clima mais fresco ou frio, mas como a maior ou menor intensidade da fadiga depende também da treina e do hábito do exercício, essa perturbação na função dos órgãos respiratórios pode ser pouco e pouco recuada. Demais aos nossos fisiologistas compete o estudo minucioso desta questão no ponto de vista brasileiro, para determinarmos com certeza quais os exercícios que melhor nos convêm, como o tempo a empregar neles, a higiene que reclamam.

Afora esta parte científica da questão, a prática prova a favor da sua adaptação. Se os exercícios físicos não fossem aqui possíveis, o trabalho físico, como a lavoura, não o seria também. Um viajante inglês, que estudou demoradamente a Amazônia, referindo-se à habitabilidade desta região pelo europeu e a possibilidade dele nela se ocupar, julga que o problema se resolveria pela simples modificação das horas de trabalho; o europeu que lá trabalha doze podia limitar-se aqui a trabalhar seis, três de manhã, três à tarde.[14] Tal indicação do célebre êmulo de Darwin, tem certo excelente aplicação nesta controvérsia da praticabilidade e conveniência dos exercícios físicos entre nós.

---

[13] *Obra cit.*, pág. 65 e seg.
[14] Alfred Wallace, *Narrative of travels on the Amazon and Rio Negro*, London, 1853, pág. 80.

Há, porém, argumento acaso mais forte e ponderoso. Na Austrália, cujo clima é seguramente mais quente e pior que o nosso, esses exercícios são correntemente praticados. Sabem todos que periodicamente o *Cricket Club* australiano envia campeões seus à mãe pátria disputar aos *cricketers* ingleses as vitórias dos célebres *matches*.

Derrubada assim a especiosa objeção, urge cuidarmos seriamente de introduzir no nosso sistema geral de educação, a educação física, e nas nossas escolas, nos nossos colégios, nas nossas academias, nos nossos costumes enfim, os exercícios de corpo, todos esses exercícios que os ingleses conhecem sob o nome coletivo de *sport* e os nossos maiores pelo de desportos.

A educação física no Brasil é, em todo o rigor da expressão, um problema nacional.

Nossa raça, sentem-no todos, se enfraquece e abastarda sob a influência de um clima deprimente, piorada pela falta de higiene, pela carência de exercício, pela privação da atividade. Uma propaganda que não quero, como o sr. Sílvio Romero, chamar antipatriótica, mas que certo não viu o interesse do Brasil senão por um lado, atraiu e localizou em determinadas regiões do país uma imigração, forte pelo número e pelo vigor, e que melhor valera disseminada por ele todo. Essa propaganda continua, e certo continuará a afluir, e em maior número, a imigração, principalmente alemã e italiana.

A luta entre essa gente, incomparavelmente mais forte, e nós, não pode ser duvidosa. O campo de combate será primeiramente o das atividades físicas, aquele que exige maior soma de robustez, de força e de saúde, o comércio, a indústria, os ofícios, a lavoura.

É, portanto, indispensável preparar-nos para, sem recorrer a meios que não consente a nossa civilização, não nos deixarmos abater e esbulhar, a fim de que esta terra, que nossos antepassados criaram e civilizaram, e cuja futura grandeza prepararam, seja principalmente nossa.

V
A GEOGRAFIA PÁTRIA
E A
EDUCAÇÃO NACIONAL

Apesar da pretensão contrária, nós não sabemos geografia. Nesta matéria a nossa ciência é de nomenclatura, e, em geral, cifra-se à nomenclatura geográfica da Europa. É mesmo vulgar achar entre nós quem conheça melhor essa que a do Brasil. A geografia da África, tão interessante e atrativa, a da Ásia ou da Oceania e até a da América, que após a nossa, é a que mais interesse nos devia merecer, mesmo reduzida a essa estéril denominação, ignoramos completamente. E o pior é que esse nosso conhecimento dos nomes dos diversos acidentes geográficos da Europa, nos torna orgulhosos e prestes sempre a ridicularizar os frequentes desacertos dos europeus, principalmente franceses, quando metem a tratar de nossas coisas.

Como se os nossos jornais não estivessem cheios de iguais desconchavos quando entram a tratar mesmo da Europa, fora da batida estrada da nomenclatura!

A geografia, entretanto, sob a influência principalmente dos alemães e do seu grande geógrafo Ritter, sofreu nesta última metade do século uma reforma radical tanto nos seus métodos, como no seu espírito. Depois de Ritter pode-se dizer, como conceitua um crítico, que a geografia tornou-se a psicologia da terra. Um notável homem de ciência inglês, em um livro substancial que muito recomendamos aos nossos professores de geografia, indica superiormente a importância do ensino geográfico, qual se o está compreendendo hoje. "Ligando", diz ele, "estas particularidades locais com a história humana, a geografia nota quão largamente influíram elas sobre o progresso dos acontecimentos políticos, como, por exemplo, dirigiram a emigração dos povos, guiaram ou detiveram a onda das conquistas, moldaram o caráter nacional e deram até colorido à mitologia e à literatura nacionais[1] "A geografia", diz o sr. Buisson, "põe mais ou menos em contribuição todas as ciências. Toca à astronomia, à geometria, à geologia, à física, à química, à meteorologia, à botânica, à zoologia, à etnografia, à linguística, à estatística, ao direito, à economia política, à história, à arqueologia. Tendo de representar o mundo terrestre em escorço, resume e condensa todo o saber humano. Entretanto, nada inventa; contenta-se em compreender, classificar e descrever."[2]

Certo estamos bem longe desta nova concepção da geografia, apesar de haver o governo, há disto uns quatro anos, modificado os programas, como quer que seja inspirado desta concepção. É verdade que ainda desta vez foi irrefletido e desacertado o ato da alta administração da *Instrução Pública da Corte* introduzindo no programa do estudo de geografia do nosso mofino ensino secundário questões que, dada a organização e distribuição do ensino no ramo primário e nesse, eram absolutamente impossíveis para eles. Valeu-lhes, porém, que em algumas províncias o exame continuou a fazer-se pelos antigos programas, e os novos pontos, se entraram na urna, nunca de lá saíram.

No ensino primário brasileiro o da geografia é lamentável e, quando feito, o é por uma decoração bestial e a recitação ininteligente da lição decorada. Neste estado – que gasta com a instrução pública mais de 700 contos por ano, é raríssima, se existe, mesmo aqui na capital, uma escola em que se encontre um mapa geográfico, e certamente não há nenhuma que possua um globo. Creio que o Pará não tem privilégio desta situação.

Dizer isto, dispensa quaisquer considerações sobre o ensino geográfico na nossa escola primária.

---

[1] Arch. Geikie, *The teaching geography*, London, 1887, pág. 2.
[2] *Dictionnaire de Pédagogie et d'instruction primaire*, II part., Tome. I, pág. 856.

O ensino secundário é feito com vista no exame, apressada e precipitadamente, e resume-se na enumeração e nomenclatura.

Não possuímos estudo superior de geografia. Temos, é certo, na Escola Politécnica do Rio de Janeiro, um curso que se chama de engenheiros geógrafos. Ignoramos o motivo de semelhante denominação, pois não consta que nesse curso se estude qualquer das matérias que constituem as hoje chamadas ciências geográficas. Além da astronomia, estudam geodesia e topografia, num estreito ponto de vista matemático e de agrimensura.

A geografia ou corografia do Brasil conforme a nomeamos, não é mais bem aquinhoada. Os poucos compêndios que temos, mal pensados e mal escritos, carecem inteiramente de valor pedagógico. Alguns há, e aprovados e bem recomendados pelos conselhos diretores de instrução pública, que tratando especialmente de cada província limitam-se à enumeração seca das cidades, à indicação do bispado a que pertencem, à divisão judicial, ao número de representantes, calando completamente as notícias muito mais úteis sobre o clima, a configuração física, o regime das águas, os produtos e as zonas de produção. Quão longe estamos nós dos excelentes trabalhos alemães, ingleses, americanos ou franceses sobre isto! Em França, para não citar senão os que nos são mais familiares, há no gênero os trabalhos verdadeiramente superiores de Levasseur, de Foncin e de Vidal Lablache, e na Inglaterra os de Geikie e outros. Porque não havemos desde já, embora com sacrifício – fecundo sacrifício – procurar imitar esses países e suscitar a adaptação ao nosso país dos mais recentes e melhores trabalhos para o ensino escolar da geografia, da geografia pátria sobretudo? Não seria um excelente meio indireto de provocar o aparecimento de melhores compêndios e manuais, negar sistematicamente a aprovação e proteção oficial a esses compêndios, e não dá-la senão àqueles concebidos e executados segundo as atuais exigências de ensino geográfico e os melhores modelos estrangeiros? Conviria, outrossim, que nestes como nos demais livros didáticos os poderes públicos que intervêm na sua escolha, não desprezassem, como completamente fazem, a feitura material dos livros. A feição exterior, a fatura, não é uma das menores vergonhas da nossa escassa literatura pedagógica. Pertencem realmente à infância da arte umas gravuras que se nos deparam em alguns compêndios de geografia, aliás de acordo com o péssimo do papel, da impressão e, geralmente, da obra toda. Ninguém há hoje que ignore não é questão de nonada esta da perfeição gráfica dos livros de ensino; faz isso também parte da educação, pelo lado estético. Vejam-se, por exemplo, os magníficos livros escolares americanos e especialmente os seus compêndios de geografia – verdadeiras obras de luxo, apesar da extrema modicidade dos preços.

A esta penúria de compêndios, junta-se agravando o mal já de si grave, a carência total de mapas e cartas. Na mão do escolar brasileiro as cartas que se veem, são estrangeiras. Acontece que ao passo que ele possui no seu atlas francês, inglês ou alemão, não só cartas especiais de cada um dos principais países da Europa, porém cartas particulares das divisões administrativas, das bacias fluviais, além de cartas econômicas, geológicas etc., do país de onde é o atlas, o Brasil, o seu país, lá vem obscuramente perdido numa de regra detestável carta da América do Sul. Os dois únicos Atlas brasileiros que existem, os de Candido Mendes de Almeida e o de Ch. Robin, além de não satisfazerem de nenhum modo as exigências da cartografia atual, estão muito longe de ser corretos. Demais, o seu preço exageradíssimo põe-nos completamente fora da classe dos livros escolares.

Também faltam-nos absolutamente os mapas murais. Afora uma meia dúzia de grosseiras especulações de livraria estrangeira ou nacional, só há dois anos a esta parte possuímos um relativamente bom mapa mural do Brasil.[3] Este mesmo, porém, se nos

---

[3] O do eminente geógrafo sr. Levasseur, feito por encomenda da direção da Instrução Primária do Rio de Janeiro, e editado pela casa Ch. Delagrave, de Paris. Nesse trabalho foi o sr. Levasseur pertinentemente auxiliado pelo sr. Barão do Rio Branco, um dos homens que melhor conhece a nossa história e a nossa geografia. Como mapa estrangeiro o melhor que conhecemos é alemão, de Stieler, que faz parte da carta da América Meridional do *Stielers Hand Atlas*. Os mesmos srs. Levasseur e Rio Branco, acabam de publicar, com o concurso de cientistas e escritores brasileiros uma belíssima edição em avulso do artigo *Brésil*, da *Grande Encyclopédie*, acompanhada de uma coleção magnífica de *Vues du Brésil*. É atualmente o livro mais completo e mais perfeito sob os vários aspec-

afigura deficiente para um estudo do Brasil, qual o devemos fazer nas nossas escolas. Vários acidentes geográficos, como rios e lagos, não estão aí indicados, como não estão determinadas de um modo gráfico a geografia econômica, os rios navegados e outras circunstâncias que muito importam para o escolar brasileiro. Sente-se também nele a falta de muitas cidades, e as mesmas que menciona, exceção feita das capitais das províncias, hoje estados, são em caracteres tão pequenos que quase se tornam inúteis numa carta mural.

Raríssimas são as províncias que têm um mapa especial, de sorte que o estudo particular de cada uma das grandes divisões do Brasil, torna-se assim dificílimo.

Este mesmo mesquinho aparelho de geografia escolar comumente não se encontra nas escolas. O que afirmamos falando da geografia geral, é perfeitamente verdadeiro e semelhante respeito ao Brasil. Só extraordinariamente, neste estado ao menos, se encontra um mapa do Brasil, mesmo mau, dependurado das paredes de uma escola! E, convém repetir, não acredito que o Pará seja nisto exceção.

E a esta míngua de estudos escolares da geografia do país, e de elementos para o fazer, não há como os supra o adulto. Da mesma sorte que não temos livros e cartas escolares, não os temos também para os estudos e leituras da idade madura.

O que sabemos da geografia da nossa pátria, das feições características do seu solo, dos seus habitantes de outras zonas que não as nossas, sabemo-lo pelos estrangeiros. Foram os Castelnaus, os Saint-Hilaires, os Eschweges, os Martius, os Burtons, os Agassiz, os Bates, os Wallaces, os New-Wieds, os Hartts e os Steinens que nos ensinaram a geografia da nossa pátria. O melhor trabalho geográfico que sobre ela temos é alemão, de Wappoeus.[4] Se, graças

---

tos da nossa geografia. Prouvera que, traduzido ou em original, se encontrasse em todas as famílias brasileiras. Igual recomendação se pode fazer à *Geografia do Brasil* de E. Reclus, traduzida pelo sr. Ramiz Galvão (Rio, H. Garnier, 1900).

[4] Acha-se hoje em parte magistralmente traduzido e refundido sob a esclarecida direção dos srs. Vale Cabral e Capistrano de Abreu e publicado com o título de *A geografia física do Brasil*, Rio de Janeiro, 1884. É o melhor livro que existe sobre a nossa geografia física.

ao benemérito Visconde de Porto Seguro, possuímos, embora incompleta, uma história geral nossa, ainda se não suscitou um brasileiro para nos dar uma geografia do Brasil.

Que desamor profundo do país, está este fato a revelar! Entretanto o conhecimento do país em todos os seus aspectos, que todos se podem resumir em dois – geográfico e histórico – é a base de todo o patriotismo esclarecido e previdente.

Por isso a geografia do país, inteligentemente compreendida e ensinada, é por assim dizer a base de toda a educação nacional bem dirigida. Admirável exemplo disto temos na França, que procurando refazer a sua educação nacional, após os desastres do ano terrível, voltou-se particularmente para o estudo da geografia. "Afora a dor, ficou-nos de nossos desastres, diz o sr. Buisson, um certo sentimento de humilhação: o estrangeiro estava geograficamente mais bem preparado para invadir o nosso território do que nós para defendê-lo. Daí um impulso súbito que por haver tido rápidos resultados, não foi menos sério nem menos durável. Esse impulso antes aumenta que diminui, e em França não se esquecerá mais que é forçosamente necessário aprender a geografia."[5] Foi realmente surpreendente o movimento nacional a favor do estudo da geografia. As sociedades topográficas e geográficas, os clubs alpinos, as revistas especiais, multiplicaram-se. O ensino entrou largamente nos estudos primários e secundários, como no superior, pela criação de cadeiras de ensino geográfico em algumas faculdades.

O resultado foi que esse povo, que até bem pouco tempo merecia ainda o famoso apodo de Goethe de não saber geografia, está hoje na primeira linha dos que a sabem. E quem, como o autor deste livro, teve a inolvidável fortuna de lhe admirar o vigor e progressos na sua última grande exposição, pasma realmente do material geográfico que possui hoje a França. A seção pedagógica no grande palácio das Artes liberais, do Campo de Marte, era admiravelmente rica, e o que mais nela avultava eram os mil meios que a indústria habilíssima e inteligente, ao serviço de geógrafos

---

[5] *Obra cit.*, 1re partie. Artigo *Géographie*.

do mais alto valor, punha à disposição do ensino geográfico. São sem-número hoje em França, não só os tratados, compêndios e manuais que se disputam a primazia do método mais sagaz, da disposição mais metódica, do sistema mais perfeito, como os mapas murais hipsométricos, em relevo ou planos; os atlas mais meticulosamente trabalhados; as cartas mudas; os globos de todas as dimensões, lisos, em relevo ou em ardósia; os mapas quadro preto com os círculos terrestres traçados, onde o menino delineará o país e marcará os acidentes, as cidades, os caminhos de ferro; as cartas especiais, geológicas, econômicas, demográficas dando, com admirável nitidez, as noções mais claras, mais precisas e mais seguras sobre a geografia pátria.

É sabido que a geografia, como de resto todos os ramos do humano saber, é superiormente cultivada na Alemanha. O ensino da geografia ali, baseando e secundando o da história, preparou de longa data a unidade alemã, e continua a insinuar os desejados e futuros engrandecimentos da Alemanha. Em um compêndio oficial de geografia, que em 1882 teve a sua 61ª edição, se ensina: "O centro da Europa conta nas suas 15.300 milhas quadradas 72.600.000 habitantes. Como estes são quase todos alemães, havendo apenas eslavos nos distritos da fronteira de leste, romaicos nos da do sul e de oeste, a Europa central recebeu o nome de Alemanha. Entretanto, desde 1871, tem-se o costume de restringir este nome à parte principal do todo, ao império da Alemanha. Dantes, não se fazia nenhuma reserva, e todos os estados que este conceito compreende: a Suíça, a Austrália a Boêmia, a Morávia, a Polônia, a Dinamarca, a Holanda, a Bélgica, o Luxemburgo, eram chamados: países da Alemanha exterior."[6]

"Uma das ciências", diz o padre Didon no seu notável livro sobre a Alemanha, "cultivadas com mais predileção (nas universidades) é a geografia superior.

"Em Göttingen, mais de duzentos estudantes – por não citar senão este fato – premavam-se em 1882 no curso do professor Wagner. Ele tratava da formação do solo alemão nas costas do mar

---
[6] Apud Dumesnil, *La pédagogie dans l'Allemagne du Nord*, Paris, 1885, pág. 36, nota.

do Norte. Afigurou-se-me digníssimo de nota o método do mestre. Tanto ensina ele pelo desenho e pelas cartas, como pela palavra. Tudo o que diz reproduz com giz de diversas cores. Assiste-se assim à constituição das diversas camadas de terreno, à origem dos cursos d'agua, à arborização do solo, ao seu povoamento. Toda a lei geológica passa em escorço em um ponto do planeta, com grande admiração daquele jovem auditório, que segue esta exposição científica como as peripécias de um drama.

"Que são alimento para o patriotismo nestes cursos de ciência profunda, onde a mocidade aprende por que vias providenciais o território da pátria constituiu-se pouco a pouco!"[7]

É urgente cuidemos em reformar o nosso ensino geográfico, especialmente o da geografia pátria. Do conhecimento que dela tivermos depende igualmente a nossa afeição e prendimento a ela. Não basta, porém, pôr nos programas o parágrafo *Corografia do Brasil*, é preciso que programas detalhados, inspirados no método hodierno do ensino geográfico, professores capazes e uma constante vigilância dos funcionários prepostos à direção e fiscalização do ensino, como a de todos os cidadãos, faça uma realidade do ensino da geografia pátria.

Para isto conseguir, porém, depois dos bons professores, hábeis e devotados, e mais devotados que hábeis, é indispensável aparelhar as escolas com o material exigido e obrigado para um tal ensino.

Toda escola deve ter um ou mais mapas murais do Brasil, uma boa carta do estado a que pertencer a escola e, se fosse possível, uma planta da cidade em que está e de suas convizinhanças. Não devemos limitar-nos a um único mapa, senão a mapas especiais; econômicos, em que venham indicadas, em cores e sinais diferentes, as diversas zonas agrícolas, industriais ou mineralógicas, as estradas de rodagem ou de ferro, os rios navegáveis e navegados; geológicos, em que possamos estudar a formação e natureza do nosso solo e os diversos acidentes geológicos que importam ao perfeito conhecimento da nossa geografia física. Foram utilíssimas

---

[7] *Obra cit.*, pág. 276.

as cartas particulares de determinadas bacias fluviais como os diagramas estatísticos mostrando o nosso desenvolvimento comercial, industrial, demográfico etc.

Assim apetrechado, inepto seria o professor que não ensinasse e mais que não fizesse amar aos seus alunos a geografia de sua terra, e portanto a mesma terra, que podiam ainda tornar melhor conhecida nos seus aspectos pitorescos, monumentais ou de paisagem, mostrando-lhes gravuras, estampas ou fotografias, e comentando-lhas com inteligência e gosto.

O método do ensino geográfico é hoje em geral fundamentalmente o mesmo em todos os países cultos e são numerosos os livros que o indicam. As modificações que sofre dependem da individualidade do professor, mais ou menos hábil, mais ou menos inventivo.

Eis um exemplo da maneira inteligente por que um pedagogista francês viu-o fazer na Alemanha: "O ensino da geografia começa pela descrição da região onde se acha a escola. O plano da cidade desenrolado diante dos alunos, é muito circunstanciadamente estudado. As grandes direções que podem servir à orientação geral, as ruas, as avenidas, em uma palavra, as mais conhecidas artérias da cidade, e a posição relativa da escola, o curso do rio, se algum existe, são primeiramente indicados, sendo tudo apontado por sua vez na carta. Os diferentes bairros discriminados por cores especiais, são sucessivamente enumerados, desde os mais antigos aos mais novos; recordam os príncipes que os fundaram, os principais arquitetos que os edificaram ou embelezaram com edifícios, as circunstâncias que lhes deram o nome, de forma que se assiste assim ao progresso que, ativo já no antigo núcleo da velha cidade, provocou seu crescimento, fê-la muitas vezes saltar os muros de um recinto fortificado e que, através da história e de suas vicissitudes, desenvolveu-a na forma da cidade moderna em que hoje a vemos. Os nomes das ruas, as pontes, os monumentos públicos servem para de caminho reconstituir uma longa crônica local, e em verdade animam aos olhos da criança, *os entes* desta grande morada, da qual é um dos habitantes.

"Se se trata de uma província, da Silésia, por exemplo, contam ou repetem os acontecimentos que provocaram a sua reunião à Prússia. Depois o mestre indica-lhe exatamente as fronteiras. Os alunos reproduzem imediatamente esta exposição. Mestre e classe estudam após da mesma maneira o curso do rio central, depois o de seus afluentes, depois os produtos do solo cuja diversidade é ligada à de outras regiões da província, vindo por fim a divisão política dessa."[8]

Esta simples exposição, reproduzida ao acaso dentre muitas outras que sobejam sobre o ensino na Alemanha, diz, parece-nos, com precissão notável, como a geografia pode ser um elemento de educação nacional e um estímulo ao bom patriotismo.

O livro de leitura, verdadeiramente brasileira, viria, com descrições, notícias e ilustrações geográficas, completar e constantemente recordar o ensino do mestre e do manual.

---
[8] Dumesnil, *Obra cit.*, pág. 36.

VI
A HISTÓRIA PÁTRIA
E A
EDUCAÇÃO NACIONAL

Se o brasileiro ignora a geografia pátria, mais profunda é ainda a sua ignorância da história nacional. A geografia, essa aprende-se um pouco empiricamente nas viagens e digressões pelo país, nas conversações, na leitura das folhas diárias e nas mesmas relações sociais. A história, não há outro meio de aprendê-la senão estudando, e o brasileiro não estuda, ou tendo-a sempre materialmente representada por monumentos de toda ordem, e os não tem o Brasil.

Porque não é somente nas escolas ou pelo estudo dos autores e documentos, que se pode estudar a história pátria. O mínimo ao menos do conhecimento do passado nacional indispensável ao cidadão de um país livre e civilizado, e, porventura, o que mais importa saber para despertar nele os fecundos estímulos do sentimento pátrio, há outros meios que o ensinem. Os monumentos, os museus, as coleções arqueológicas e históricas, essas construções que os nossos antepassados com tanta propriedade chamaram memórias, são outras tantas maneiras de recordação do passado, de ensino histórico e em última análise, nacional.

É ensino às vezes bem mais eloquente e palpável que a prosa de um historiador. Dir-se-ia disso houveram consciência os antigos, levantando a cada grande feito, e desse modo consagrando-o, alguma construção que mais duradoura que a memória dos coevos ou que o papiro, o liber ou o pergaminho dos escribas, trouxesse até nós a memória de seus gestos grandiosos.

Por vezes a essas memórias de pedra ou de bronze juntam-se os contos dos poetas e as legendas populares: uns e outros produtos das mesmas forças emotivas que o povo contém e que ou se consubstanciam e, por assim dizer, se individualizam num homem ou se dividem e repartem numa florescência anônima, mas vibrante e quente, da almã nacional. Portugal, por exemplo – e é grato a quem tem a religião do passado rememorar os fastos gloriosos dos avós – Portugal tem para recordar os dois fatos capitais da sua vida histórica, a batalha de Aljubarrota, que lhe firmou a independência, e as grandes navegações, e a consequente descoberta do caminho da Índia, que lhe deram a razão de ser histórica, além das maravilhosas fábricas dos conventos de Nossa Senhora da Vitória e dos Jerônimos, o estupendo ciclo dos seus cancioneiros e o sublime poema de Camões.

O Escurial é toda uma página, sombriamente gloriosa, da história da Espanha, como Westminster é, não só uma glória do passado inglês, como o cofre gloriosíssimo que mais do que o sepulcral *Bank of England* encerra a máxima riqueza da Inglaterra: os despojos daqueles que a fizeram verdadeiramente grande: os seus navegadores, os seus poetas, os seus sábios, os seus oradores, os seus estadistas, os seus artistas e os seus escritores.

Nações há – e notareis, que são as mais adiantadas e progressivas – ciosíssimas, do seu passado e tradições e de todos os monumentos que os relembram e perpetuam. Não só desveladamente os conservam e restauram, senão que carinhosamente vão erguendo novos, ou rebuscando e esquadrinhando antigos, com que engrossem os seus tesouros de recordações pátrias, num tocante sentimento de amor dessas recordações.

São agora inúmeros os museus e coleções que, templos do patriotismo, encerram as relíquias do passado nacional.

Juntai a isto as inscrições lapidares consagrando o nascimento, a morte ou a simples passagem de um falecido compatriota ilustre, as estátuas, monumentos funerários e memórias diversas, com que esses povos diariamente consagram, para a imortalidade e para a glória, aqueles que os ilustraram ou que os serviram, ou algum feito que os afama e glorifica, e tereis uma constante, eloquente e sugestiva lição de história nacional.

E, comparando, o que possuímos nós outros brasileiros, tão ignorantes do nosso passado, como descaroáveis de nossas glórias – que as temos – que de longe sequer se coteje com isso?

O nosso passado histórico, as nossas origens políticas, são-nos alguma coisa de vago e indefinido, como as épocas pré-históricas que ficam para lá do homem quaternário.

A profunda indiferença, feição dominante do nosso caráter, fez-nos sobretudo desprezar o nosso passado, que nunca estudamos e que não conhecemos, e este lamentável esquecimento e desamor foi parte grande nesta nossa falta de sentimento nacional apontada.

No estado atual do Brasil a escassez de tal sentimento encerra acaso grandes e graves perigos. O verdadeiro patriota, que sem os irrefletidos entusiasmos partidários, assiste à reconstituição do país sob a forma federativa, aliás tão de molde para ele, estremece, lembrando-se quão precária pode-se tornar de momento a unidade nacional da qual depende a sua grandeza, se lhe faltar um instante aquilo, que mais que as coações da força, une os povos e faz as nações: o sentimento do passado, a possessão em comum de um rico legado de tradições, o desejo de viver juntos, e a incessante vontade de manter e continuar a fazer valer indivisa a herança recebida.[1]

Para combater esse mal, para despertar em nós o sentimento da solidariedade e dar-nos a base moral que verdadeiramente faz e engrandece as nações, carecemos sem perda de tempo, com entusiasmo e com amor, fazer, teimo em repeti-lo, a nossa educação nacional.

A educação nacional se não pode fazer senão pelo estudo da pátria, e no estudo da pátria a sua história é, quase poderia dizer, a parte principal.

Todos os povos – é obrigação insistir nesta comparações que, espécie de razões concretas, valem porventura mais que os me-

---
[1] E. Renan, *Qu'est ce qu'une Nation?* in *Rev.. Polit. et Litt.* Tome. III, 1882, pág. 322.

lhores argumentos abstratos – todas as nações compreenderam que o sentimento nacional e conseguintemente o patriotismo, se inspiram no conhecimento da pátria e da sua história, isto é, da sua vida.

Na Antiguidade, além da vida ser, em um certo ponto, mais ativa e digamos assim, mais vivida, vida toda de forum, de ágora, de combates, de lutas, o que por si era uma patente e perene lição, os espetáculos, como os jogos olímpicos e ístmicos, as grandes manifestações guerreiras ou cívicas, como os triunfos romanos, eram um estímulo para esse sentimento, aliás sempre alerta diante das invasões e ataques a cada momento possíveis dos bárbaros e vizinhos. As próprias religiões, de um caráter estreitamente nacional, e suas pompas, concorriam para trazer acordada essa virtude a que o romano chamou civismo. A educação grega, como a educação romana, foram sobretudo nacionais, embora cada uma com o seu caráter próprio; numa, pacífico e intelectual, espiritual, diríamos; noutra, guerreiro e político.

Desde a queda do Império, invasão dos Bárbaros, advento do cristianismo, a ideia de pátria desaparece, de um lado pelo baralhamento das línguas, das fronteiras e das raças, de outro sob a influência da ideia messiânica do reino de Deus como único que valia os esforços humanos, propagada pelo Cristianismo triunfante.

No fracionamento feudal acabou, por assim dizer, por desmanchar-se a ideia de pátria repartida por sua vez na ideia do feudo, do burgo ou da região, e o sentimento nacional, que apenas reaparece com a organização dos Estados modernos após a longa, não diremos noite, mas trabalhosa gestação da Idade Média.

Nas nações contemporâneas, o sentimento nacional, salvo por acidentes, como na rivalidade entre a França e a Alemanha, criada pela conquista da Alsácia e da Lorena, não tem os mesmos estímulos dos perigos impendentes, como soía acontecer aos gregos e romanos, os quais, do ponto de vista da nossa civilização, resumem para nós o mundo antigo.

Entretanto, como a Humanidade está ainda bem longe de dispensar as fronteiras e de fazer uma só nação, esse sentimento não somente tem ainda razão de ser, como é indispensável à vida das nações, que sem ele viriam a deperecer em uma morte triste, despercebida e inglória.

O conflito da vida, mesmo, mudou apenas de aspecto. Em geral não é mais a glória militar e a dilatação das fronteiras o escopo que anima os povos. A conquista, envergonhada, se disfarça sob o nome de reivindicações, desculpadas com a história ou com a teoria das nacionalidades ou, quando fora do mundo civilizado, com o de cruzada da civilização contra a barbaria. A luta, porém, não cessa; apenas de militar tornou-se industrial; não acende acaso o patriotismo ardente dos gregos e romanos, mas aguça talvez mais os apetites de gozar e tirar da vida a maior soma de utilidade que ela comporta.

Incontestavelmente e tristemente é tal o estado deste fim de século, em que por detrás de vinte milhões de homens prestes a se dilacerarem, aparecem muitos milhões mais que elevando quase que a princípio social a lei biológica da vitória do mais apto na luta pela vida, se aparelham formidavelmente para ela, impávidos e fatais, como o cavaleiro espectro das lendas medievais, pedindo à ciência quase onipotente dos nossos dias, que, novo Vulcano, lhe forje as armas invulneráveis para o medonho combate.

Governos e povos sentem que "nesta arena pacífica da luta industrial" consoante a retórica com que os arautos anunciam os seus torneios, se não corre sangue, morre-se também. E à competência redobrando de esforços não esquecem excitar e desenvolver os elementos indispensáveis do triunfo. Desses elementos, como de outras lutas já o foi em eras idas, é principal o sentimento nacional, agora também estimulado, é certo, pela perspectiva e pela apreensão da luta. E estímulo é este tão forte que às vezes só por si o produz e alenta, do que são exemplo irrecusável os Estados Unidos, aos quais se, com alguns esclarecidos pensadores, negarmos esse sentimento por lhe não acharmos os mesmos fundamentos históricos e morais que o produzem algures, não é lícito contudo refutá-los como manifestação, de um lado do legítimo orgulho nacional por espantosos progressos realizados apenas no discorrer de um século, de outro pela necessidade de sustentar e manter o preço dessas conquistas que o menor desfalecimento, dada a acuidade da luta, pode fazer periclitar.

"Este universal movimento, 'diz Tocqueville', reinante nos Estados Unidos, estas viravoltas frequentes da fortuna, esta imprevista deslocação das riquezas públicas e privadas, tudo se junta para entreter a alma em uma espécie de agitação febril que admiravelmente a dispõe a todos os esforços e a mantém, por que digamos assim, acima do nível comum da humanidade. Para um americano, a vida inteira passa como uma partida de jogo, um tempo de revolução, um dia de batalha. Estas mesmas causas, operando ao mesmo tempo sobre todos os indivíduos, acabam por impor uma feição irresistível ao caráter nacional."[2]

Não valeram, porém, esses incentivos da pugna industrial, se as nações, descuradas de si não procurassem também alentos novos e alevantadas inspirações na consciência do seu passado da qual derivam a fé no seu futuro.

Dos meios a que podem recorrer para trazer o espírito nacional sempre desperto, é dos principais estudos da história pátria, porque o conhecimento da pátria é a base do patriotismo.

No Brasil esse estudo não é somente descurado, mas não existe, nunca existiu, e a consequência é a profunda ignorância em que vivemos da nossa história.

Na Alemanha, que é preciso citar sempre que se tratar de educação e, principalmente da educação como meio de desenvolver o sentimento nacional e fortificar o patriotismo, na Alemanha o estudo da história pátria é feito desde a escola primária até a universidade. E feito num alto espírito patriótico e como um meio pedagógico eficaz de educação nacional.

O já citado sr. George Dumesnil, membro do alto ensino francês, enviado pelo seu governo em missão pedagógica oficial à Alemanha, diz: "É conhecido o admirável partido que soube a Alemanha tirar da história, no ponto de vista do ensino nacional e patriótico. Jahn, o *pai da ginástica* na Alemanha, o qual logo após a derrota de Iena lhe preparara a desforra, podia dizer depois da guerra da redenção: – O dia 31 de março (entrada dos aliados em Paris), o 18 de junho (batalha de Waterloo, chamada na Prússia

---
[2] *Obra cit.*, pág. 429.

batalha da Bela-Aliança), e o 18 de outubro: (batalha de Leipzig) tornaram-se grandes dias da ginástica. Em 1842, Fernando Stiehl, eminente pedagogo prussiano, publicava em Coblentz, sob o título de O *ensino nacional da história em nossas escolas primárias*, os seguintes pensamentos: "O fim principal da história é fundar e vivificar o sentimento nacional, o amor da pátria, o patriotismo... É a vós, mestres-escolas, que incumbe a missão de dar princípios e forma aos sentimentos e à vida da geração que, depois de nós, vai ser o povo... Entendo por história nacional, na escola primária, o que é verdadeiramente nacional; assim, para nós outros renanos, não somente a história do Brandeburgo, mas a do Reno, da Alemanha e da Prússia-Brandeburgo. Demais, não compreendo o ensino da história como uma nomenclatura, uma exposição nua e seca de nomes principais, de guerras, de conquistas etc.; quero que nos ponham no verdadeiro meio histórico do povo, *comunicando-nos os fatos de uma época, mais importantes documentos e os mais comoventes cantos nacionais*. Se quisermos *despertar pelo ensino da história nacional, um amor consciente da pátria e assegurar-lhe uma influência sobre os sentimentos, sobre a vida nacional e a geração futura*, faz-se mistér banir da escola primária o ensino que vai sistematicamente para diante, parágrafo por parágrafo."[3]

E Stiehl propunha o agrupamento das matérias da história nacional segundo um calendário patriótico, o que foi adotado em 1854 pela reforma do ensino primário, na qual tomou parte o ilustre pedagogo.

Aos dias nacionais consagrados na época da reforma, vieram juntar-se outros como os das mais recentes vitórias alemãs, Sadowa, Gravelotte etc. "O aniversário de Sedan", continua o sr. Dumesnil, "tornou-se o dia da verdadeira festa nacional e apagou as outras comemorações. Esse dia é celebrado na Prússia inteira não por lições particulares na classe, mas por cerimônias, discursos, exercícios ginásticos, contos e férias em todos os estabelecimentos de instrução pública. Em suma, o ensino histórico é em todas as suas partes animado do mesmo espírito patriótico. O livro de leitura

---
[3] G. Dumesnil, *Obra cit.*, pág. 32.

vem em auxílio do ensino histórico propriamente dito e conta à criança as glórias de seu país e de seus príncipes. Sobretudo foi ele quem se encarregou de realizar a parte mais bem ideada dos processos preconizados por Stiehl, a que põe ao alcance da criança *os mais comovedores cantos nacionais.*"[4]

Os cantos patrióticos, em que é tão rica a literatura alemã, uns anônimos e verdadeiramente populares, outros de seus poetas, alguns ilustres, cooperam eficazmente no ensino histórico, e tendo com o veículo a música, importante ramo de educação estética nas escolas alemãs, infiltra-se por assim dizer na alma popular, e nela grava indelevelmente o ensino didático da história pátria.

E um regulamento oficial citado pelo sr. Dumesnil, determina: "No ensino do canto far-se-á alternar os cânticos e as canções populares. O fim é que cada escolar possa cantar com justeza e segurança não somente em coro mas só, e que ao sair da escola, possua perfeitamente um número suficiente de cânticos e cantos populares e, ache-se tanto quanto possível penetrado do texto destes últimos."

No Brasil fora acaso achado ridículo o poder que introduzisse na escola os cantos populares, como parece merecer o menos preço dos graves prudhommes quem se ocupa de estudá-los.[5]

Na Alemanha, entretanto, a Assembleia Geral dos mestres-escolas alemães, reunida em Brunswick em 1879, adotava as seguintes proposições, aliás ali desde muito no domínio da prática: "Os cantos nacionais devem ocupar uma grande parte nos programas das escolas, e delas passar às famílias e à vida. O canto faz parte integrante da educação nacional alemã. É preciso cultivar sobretudo (no estudo da música), o canto popular alemão (*das deutsch Volkslied*) a uma ou duas vozes."[6]

E este ensino histórico que se faz pelo estudo direto da história, pela comemoração escolar das grandes datas nacionais e pelo canto patriótico, se faz ainda durante o estudo da língua desde o

---
[4] Dumesnil, *Obra cit.*, pág.35.
[5] Sobre esta questão veja-se o interessante livrinho do sr. Adolfo Coelho, *Os elementos tradicionais da educação*, Porto.
[6] G. Jost *Les Congrès des Instituteurs allemands*, Paris, 1880, pág. 213.

ensino primário elementar. "O livro de leitura, diz o autor citado falando do ensino da língua alemã, traz já (na classe inferior) sua contribuição à história e povoa o espírito da criança de anedotas que esta porventura ouviu já na família e que, por assim dizer, farão parte tão integrante de sua memória que ela não se recordará mais de tê-las aprendido. A seu turno passam ali Carlos Magno, Barbaroxa, Lutero, o velho Fritz, que depois de ter tão bem batido os franceses em Rosbach se ocupava em fazer ir as criancinhas à escola, a rainha Luiza, ofendida por Napoleão, Blücher, o *marechal Para frente*, que a vinga, e o imperador Guilherme, que se torna em vida um herói de um ciclo épico nacional."[7]

E este ensino da história, cada vez mais desenvolvido, mais profundo, porém com o mesmo caráter patriótico, nacional, passa da escola primária ao ginásio e de lá às universidades, essas grandes geradoras e mantenedoras do espírito nacional alemão. Na de Berlim, no semestre de verão de 1882, o programa do estudo da história alemã ocupou as seguintes matérias:

História da Alemanha, desde o interregno até a Reforma;
História da arte alemã desde o século XVI até nossos dias;
História geográfica da Alemanha;
História da Prússia, de 1786 a 1815.[8]

No Brasil não temos ainda uma cadeira sequer de ensino superior da nossa história![9]

Juntai a este estudo da história nacional feito nos compêndios escolares, feito no livro de leitura, feito nos cantos patrióticos, feito nos monumentos, nos museus, e em outros elementos sugestivos de educação intuitiva, as associações de estudantes e ex-estudantes formando um enorme laço de união entre todos os homens de letras do país, inspirados do mais ardente amor da pátria,

---
[7] Dumesnil, *Obra cit.*, pág. 54.
[8] L. P. Didon, *Obra cit.*, pág. 235.
[9] No antigo Colégio de Pedro II, de ensino secundário, houve sempre uma cadeira de história do Brasil. No Ginásio Nacional, em que ele se transformou sob a República, foi essa cadeira suprimida. (1906).

as sociedades de tiro, as sociedades ginásticas com seus 200 mil ginastas, as sociedades de música, os célebres corais, que por toda a pátria alemã vão entoando os *lieder* que lhe cantam a glória – e tereis a explicação da formação da unidade e da grandeza moral e material da Alemanha.

Em Berlim criou-se em 76 uma Galeria nacional de pintura, de caráter patriótico. Ocupam-na principalmente as cenas dos combates dados pela Prússia desde 1864. "A arte dos pintores, diz o padre Didon, a quem tomamos estas informações, é ainda jovem; mas o amor da terra, o patriotismo no seu exclusivismo duro e com seus ares guerreiros parece ter empunhado os pincéis. Eu mais observava os visitantes que admirava os artistas. A maior parte eram camponeses e provincianos. Com que ingenuidade pasmavam eles em frente dessas batalhas de duvidosa arte! É assim que o povo se instrui; dai-lhe imagens, telas vivas onde se lhe depare a auréola de seus chefes vitoriosos. Um grande pintor nacional é um sublime mestre-escola. São os quadros um livro onde aqueles mesmos que não aprenderam podem ler; perpetuam, em uma forma tocante e popular, os heróis, os valentes que souberam vencer."[10]

Enquanto a Alemanha preparava assim pela organização mais sábia e mais completa da educação nacional as suas vitórias e com elas a sua hegemonia e unidade, a França do segundo império, nisto, como no mais, desleixada e imprevidente, não sabia sequer o que era a educação cívica. Entretanto, seus publicistas, melhor avisados que os seus estadistas, a reclamavam. "O bom senso, escrevia o eminente sr. Greard, um dos homens a quem mais deve a França a sua regeneração pedagógica, reclama que ao respeito das tradições nacionais, que é a base do patriotismo esclarecido, se junte no espírito das crianças chegadas ao uso da razão o conhecimento das leis gerais da vida pública de seu país."[11] E, em antes, em 1868, traçava assim o programa do ensino da história pátria na escola primária: "em história, limitar-se aos traços essenciais do desenvolvimento da nacionalidade francesa e procurar-lhe a conti-

---
[10] *Obra cit.* pag. 302.
[11] Oct. Gréard, *Éducation et Instruction*, Paris, 1887, I, pág. 341.

nuidade menos na sucessão dos fatos de guerra que no encadeamento lógico das instituições e o progresso das ideias sociais; em uma palavra, fazer da França o que da Humanidade diz Pascal, um grande ser que subsiste perpetuamente, e dar assim à criança uma ideia da pátria, dos deveres que ela impõe e dos sacrifícios que exige..."[12]

Só foi, porém, em 1882 que a educação cívica e o ensino da história entraram no sistema geral da educação nacional francesa, tomando desde então um desenvolvimento extraordinário, desde o ensino primário até o superior, além dos outros elementos que superabundam em França, de educação patriótica.

Não descuram também os Estados Unidos a educação nacional, sabendo que a sua maravilhosa e invejada grandeza, em máxima parte lha devem. A história pátria é ali objeto de especial cuidado e amor. Nas escolas, colégios e universidades não se limitam somente a estudá-la senão que estudam também a história da sua constituição, além do estudo especial que desta fazem,

> "Como o estudo da história, diz o sr. Hippeau, em princípio quase que exclusivamente abrange a dos Estados Unidos, pode ser tão completo quanto possível, e as particularidades sobre as quais insistem os mestres e os livros postos entre as mãos dos alunos, têm por fim fazer conhecer os recursos financeiros, industriais e comerciais do país, suas produções e a excelência de suas instituições políticas, tudo o que pode enfim gravar no coração o amor da pátria e uma ilimitada confiança na grandeza de seus destinos. Os cantos com que ressoam as escolas nos momentos consagrados ao estudo da música, celebram os grandes acontecimentos dos Estados Unidos e as ações generosas dos seus homens mais ilustres."[13]

Em uma das mais notáveis universidades americanas, a de Ann Arbor (Michigan), foi criado um museu patriótico reunindo "objetos que recordam os principais acontecimentos históricos do país, na guerra ou na paz, e principalmente durante a última guerra civil." E Hippeau informando, conta que um aluno mostrou-lhe

---
[12] *Ibid.*, pág. 88.
[13] C. Hippeau, *Obra cit.*, pág. 63.

"como uma preciosa relíquia um ramo da macieira, embaixo da qual se achava o general Grant, quando o general Lee se lhe veio entregar."

Um notável educador americano, o sr. John Swett, em um dos melhores livros de pedagogia prática que conhecemos, assim recomenda seja dado o ensino da história do seu país: "Chamai a atenção dos alunos para o progresso da nação nas artes e nas ciências; para as grandes invenções e descobertas que têm sido feitas; para tudo que tenha melhorado a condição do povo. Fazei-lhes perceber que, embora não seja a história em suma senão um registro de fatos e conquistadores, todavia a paz tem suas vitórias não menos memoráveis que as da guerra, e que a mais gloriosa vitória da guerra é a que estabelece uma paz honrosa."[14]

Referindo-se a esta ordem do ensino na República Argentina, assim se expressa o Sr. Hippeau:

"No programa do ensino das ciências morais, há três cursos que com muita felicidade completam a educação dos jovens colegiais: a história da República Argentina, o curso de instrução cívica e o de economia política, três ordens de conhecimentos que essencialmente lhes convém, pois que são chamados a tornarem-se cidadãos de um país livre. Tem necessidade de saber como e em consequência de que acontecimentos se desenvolveu a sociedade argentina; como tirou ela partido dos recursos que lhes oferece o seu território, como se criaram os seus estabelecimentos agrícolas, suas manufaturas, seus entrepostos, como, enfim, se formaram suas relações comerciais com os outros Estados. Pelo sucinto resumo que fiz da história dos estados do Prata, pode ver-se quanto pode ela interessar à mocidade quando este ensino é confiado a um professor instruído e profundamente penetrado dos sentimentos que inspira a um filho deste belo país o quadro de suas lutas e de seus sofrimentos, seguidos do glorioso triunfo que assegura para sempre sua independência."[15]

---

[14] *Methods of teaching*, New York, 1886, pág. 166.
[15] *L'Instruction publique dans la Republique Argentine*, Paris, pág. 222.

No defeituosíssimo sistema da instrução pública do Brasil, a história pátria foi não só descurada, mas pode-se dizer não existe, senão nos programas, se programas se pode chamar a esses simples róis de matérias que são um artigo das nossas leis de ensino.

A história nacional entre nós, foi tão prodigiosamente desprezada que, exceção feita da obra valiosíssima do Visconde de Porto Seguro, cuja primeira edição é de 1854-57 e a segunda – e última – de 1877, é com os estrangeiros que teremos de ir aprender a história do nosso país! A primeira grande história do Brasil que tivemos desde que fomos uma nação foi a do inglês Robert Southey, poeta laureado. Quem são os autores da história do Brasil? São estrangeiros, o citado Southey, e Beauchamp e Constancio e Grant e Henderson e Ferdinand Denis e Warden e Armitage e outros.

Brasileira apenas temos a aludida *História geral do Brasil*. O mais, ou são resumos mais ou menos disfarçados dela, ou lições, compêndios, elementos – a maior parte dos quais sem grande valor pedagógico.

Este fato é só por si característico e dispensaria quiçá mais longos comentários.

Os raríssimos trabalhos especiais sobre este ou aquele ponto da nossa história não chegam ao grande público. São ainda mais raras as províncias, que possuam trabalhos sobre a sua história particular, e esses também, quando acaso existam, ficam ignorados. Uma associação especial para estudar a história pátria, o Instituto Histórico e Geográfico Brasileiro, apesar da singular proteção que lhe dispensou sempre o ex-Imperador, apenas tem-se podido manter. E são entretanto, preciosíssimos os 50 e tantos tomos da sua *Revista*, pelos materiais que contêm – memórias, crônicas e outros documentos e inéditos antigos. Mas essa *Revista* mesma é desconhecida no Brasil, apesar da exclusiva barateza do seu custo. Lembro-me que entrando pela primeira vez num estabelecimento que aqui temos condecorado com o nome de Biblioteca Pública, e pedindo ao empregado, ajudante do bibliotecário, um dos tomos da *Revista do Instituto Histórico Brasileiro*, ele perguntou-me ingenuamente se era em francês ou português! Em Pernambuco, terceira cidade do país, existe também um Instituto Histórico, que, aliás, como a mulher de César, não dá que falar de si, e o qual também publica intermitentemente uma *Revista*, ainda menos conhecida que aquela.[16] Nas Alagoas, sei também, vegeta um instituto análogo, que, se faz história, tem a felicidade de não tê-la. Ignoro se publica algum órgão seu.

Eis o que é o alto estudo da história do Brasil no Brasil. O povo também indiferente a si mesmo e à pátria não dá por isso, e eu certamente não erro assegurando que não há talvez no Brasil um milheiro de pessoas que saibam das instituições citadas.

A nossa literatura histórica é nula. Como disse, apenas possuímos, escrita por nacional, uma história geral do país, que mereça citada. Os trabalhos históricos parciais contam-se; e os raros feitos, publicados nas obscuras revistas daqueles raros e pobres institutos sem ônus para os autores, rarissimamente são editados em livros, para assim ganharem mais ampla publicidade.

O ensino da história pátria, além de escassissimamente feito, é pessimamente dado. Os compêndios, insisto, são em geral despidos de qualquer merecimento didático. São pesados, indigestos e mal escritos.

Para o ensino primário os poucos que há são inspirados na velha pedagogia jesuítica das perguntas e respostas, e limitam-se a uma enfadonha e estúpida nomenclatura de governadores, de reis, de capitães-mores ou de fatos áridos de nenhum modo úteis ao ensino primário da história pátria. Na escola primária, afora a decoração e bruta repetição desses péssimos compêndios, nada mais auxilia e completa o estudo da história nacional. O mestre, que o mais das vezes a ignora, e que em geral é pouco zeloso, limita-se a *tomar a lição,* isto é, a fazer ao menino as perguntas indicadas no compêndio, e a exigir dele a resposta. Não há uma explicação, não há uma lição oral, um trabalho de composição sobre a história pátria. *Tomada a lição* está satisfeita a obrigação oficial, quando a não descuram de todo, que é o que mais vezes acontece.

O livro de leitura também não fala da pátria, nem se ocupa da sua história. Um fato que eficazmente revela a nossa desestima

---

[16] E aliás merecia ser, pois é credora da estima dos doutos. Ultimamente criaram-se institutos semelhantes em São Paulo, na Bahia e, creio, em outros estados.

pela história pátria é que no ensino secundário há apenas algum tempo, três ou quatro anos, a história do Brasil entrou a fazer separadamente parte dos programas. Até então era conjuntamente estudada com a história universal, e como geralmente se começava pela história antiga, e dela se passava à da Idade Média e desta à Moderna, quando se encetava a do Brasil faltava apenas um ou dois meses quando não somente alguns dias para os exames. Sendo raro que o preparatoriano quisesse empregar no estudo da história geral, compreendida a do Brasil, mais de um ano, pode-se, só por esta simples e verídica exposição imaginar o que ele saberia da história do seu país e de que proveito lhe seria esse estudo que realmente não fez.

Não há falar no ensino superior da história do Brasil, porque o não temos.

Tal é, em toda a verdade, entre nós, o estudo da história pátria. Acrescente-se a isto que não temos nenhuma espécie de publicação periódica que de quando em quando trate dela, que a nossa imprensa apenas faz política, aluga as colunas para as descomposturas ou dá notícias do estrangeiro; que não possuímos museus históricos, nem monumentos, nem estátuas nem memórias, nem as comemorações patrióticas das épocas gloriosas ou felizes da nossa história – e tereis achado uma das causas da nossa profunda e completa e vergonhosa ignorância da história pátria e, assim, uma das causas da falta do sentimento nacional no BrasIl.

O remédio a este mal, que cumpre sem adiamento combater e aniquilar, é trabalharmos desveladamente e seriamente na reforma deste ponto da nossa instrução pública.

É indispensável que a história pátria tenha um lugar de honra no ensino primário, e que aí seja feita não broncamente e excepcionalmente como até aqui, mas inteligente e sistematicamente, consoante os princípios, dos quais nas citações atrás feitas foram notados alguns, que dominam não só nos mais bem surtidos mestres da pedagogia contemporânea, senão na prática dos países neste ponto mais adiantados. Todo ensino tem um fim – o da história pátria é dar-nos pelo conhecimento da origem comum, das dificuldades em comum sofridas e em comum vencidas, da marcha e evolução dos mesmos costumes, das mesmas leis e da mesma organização, dos progressos custosa, lenta, mas seguramente adquiridos, a noção exata da solidariedade nacional, e com ela o amor da pátria que nos legaram os nossos antepassados e o desejo firme de continuá-los, para legá-la às gerações vindouras sucessivamente melhorada.

Na escola primária este ensino pode começar desde o segundo livro de leitura pelo menos. É preciso que o livro de leitura entre nós se reforme completamente e que sobretudo fale do Brasil e de nossas coisas. Os primeiros livros devem conter contos e cantos populares e pequenas histórias em que se reflitam a nossa vida e os nossos costumes. Só assim interessarão a criança. Entremeados com estes assuntos virão pequenas cenas da história pátria mesmo legendárias. A história do Caramuru, por exemplo, sendo falsa, ensina entretanto à criança que eram selvagens os primitivos habitantes do Brasil, que devoravam os seus prisioneiros e que não conheciam o uso da pólvora. Um resumo bem-feito da cândida narração de Caminha a D. Manuel sobre os gestos dos selvagens, perante os portugueses da armada de Cabral, cuido eu que se gravará na memória, fará trabalhar as imaginações dos jovens ouvintes e será uma excelente lição da etnografia pátria. O fato de Amador Bueno, alguns episódios dos bandeirantes, a vida dos primitivos colonos, a descrição de uma missão, as biografias dos homens notáveis – eis outros tantos quadros próprios para, mediante o livro de leitura, ensinar, e bem, a história pátria.

A narração destes fatos ir-se-á paulatinamente desenvolvendo nos sucessivos livros de leitura, que poderão também conter extratos de alguns cronistas, adequada a linguagem à inteligência dos escolares, e versos de poetas brasileiros sobre feitos da história pátria.

O compêndio especial da história do Brasil, virá completar e sistematizar esse ensino, já, nas classes superiores da escola. Lida por cada um ou pela maior parte dos alunos a lição e lida como se se tratasse de uma lição de leitura expressiva, o professor chamará a atenção para os fatos que convém aprender de cor, escolherá os fatos principais e os porá em evidência; procurará que os alunos lhes descubram as causas e lhes deduzam os efeitos; não ligará muita importância às datas, senão às dos grandes acontecimentos, e apenas como meio de evitar anacronismos; fará um estudo particular da história do estado em que estiverem; dará curta e precisa notícia biográfica dos homens notáveis indicando os serviços que prestaram ao país; terá em vista que a compreensão dos grandes fatos históricos, suas causas, resultados, relações, é mais importante do que a decoração material de algumas páginas do compêndio; exigirá que os alunos procurem libertar-se da repetição servil das palavras do livro; suprirá a secura da narração do compêndio com anedotas, incidentes, histórias assaz características para pintar uma época ou desenhar um caráter; insistirá sobre os progressos feitos comparando sempre fatos do passado, já estudados, com o presente; sem cair na tagarelice procurará falar sempre da pátria e apreciar os seus fatos históricos com calor, com um entusiasmo de bom gosto e sincero, de modo a despertar nas crianças uma comoção benéfica, o amor da pátria e o orgulho da sua futura grandeza.[17]

Conviria muitíssimo que o livro de leitura, como o compêndio, fossem ilustrados, como seria de grande alcance, ao menos para as classes infantis, possuir a escola uma coleção de gravuras históricas, que, comentadas em classes, seriam a melhor e a mais gostosamente aprendida das lições.

Mas quando teremos nós semelhantes estampas?

Como adjutório a este estudo feito na estampa, no livro de leitura, no compêndio de história e na lição oral do mestre, parece-me, seria grandemente apreciável a imitação do sistema alemão da comemoração das datas célebres da história pátria. Organizado um calendário patriótico, o mestre poderia por meio de uma pequena narração celebrar esse dia, e na véspera daqueles que são feriados, e que são os maiores dias da pátria, na última hora, expor ao alunos os motivos que os tornam dignos dessa consagração, fazendo-lhes uma espécie de lição suplementar sobre eles.

O ensino secundário no Brasil, feito exclusivamente em vista de obter matrícula nos cursos superiores, é entre nós tão irracional

---

[17] V. Swett, *Obra cit.*, pág. 164-167.

e grosseiramente organizado que, a menos de supor-lhe uma reforma radical e completa, não é possível estabelecer esperanças sobre ele.

Já dissemos como é aí precipitadamente feito o estudo da história pátria, que, com o da corografia do país, que lhe é anexa, raro toma mais de um ano. Se ao menos durante o curso primário a tivesse o menino aprendido, não seria tamanho o mal; a verdade, porém, é que, a despeito dos programas, é rara a escola em que ela se dá, e quando isso acontece é de modo tal que melhor valera não a dar.

Não possuímos como fica dito, nenhuma cadeira de ensino superior da nossa história, e nas escolas de direito não há ao menos uma da história da legislação colonial ou em geral da história da legislação ou direito nacional. O Brasil está reclamando a criação de algum instituto de ensino superior, fora das especialidades da medicina, do direito ou da engenharia. Nessa futura escola, a História do Brasil deve ter pelo menos uma cadeira.

Um esclarecido pensador italiano, e eficaz cooperador na obra da restauração da Itália, obra que muito, senão tudo, deve à educação nacional e principalmente ao estudo da história, reflete ponderosamente: "Tornando-se Ciência, a História torna-se ao mesmo tempo um estudo prático, e faz-se não só a ciência do estadista, mas de todo o perfeito cidadão, porque em um país livre cada cidadão deve ser homem de estado nos limites de sua atividade."[18]

---

[18] Nicolo Marselli, *La scienza della Storia*, Torino, 1885, I, pág. 390.

VII
A EDUCAÇÃO DA MULHER BRASILEIRA

Se deveras pensamos em educar a sociedade, a educação da mulher impõe-se com o rigor de um postulado geométrico. A educação de uma sociedade – no sentido complexo e completo que neste livro tem a palavra educação – supõe a dos indivíduos que a compõem. Ora como, em toda a significação do termo, o primeiro e principal educador do indivíduo, desde o seu nascimento, e quiçá ainda em antes, até a sua morte, é a mulher, segue-se logicamente, necessariamente, que a educação da sociedade deve começar pela educação da mulher.

O contrário justamente aconteceu na sociedade portuguesa, donde a nossa deriva, e nesta. São conhecidos os costumes daquela em relação à mulher. Viveu esta sempre ali, ao menos até a entrada do século XIX, em meia clausura. Do convento ou recolhimento religioso onde em geral se educava, passava à casa de sua família, na qual a sua reclusão era apenas menor. O que valiam como moralidade, compostura, decência, instrução, bom-tom, disciplina moral e intelectual em suma, os conventos de freiras portuguesas, sabemo-lo sobejamente pelas crônicas e histórias do tempo e por mil fatos do domínio público. As torpíssimas tradições que deixaram andam abundantemente vulgarizadas na história, na crônica e na ficção portuguesa.[1] Essa educação de convento,

---
[1] Para justificar estas asserções não teríamos senão o embaraço da escolha. V. em Alex. Herculano, *Hist. da origem e estabelecimento da Inquisição em Portugal* (Tome. III, p. 37,

entre freiras, ex ou ainda amásias de reis e fidalgos, de criadas desavergonhadas e escravas impudicas, que desobrigavam suas amas de todo o trabalho honesto e nobilitante e lhes serviam de terceiras; de frades devassos, de chichisbéus, de poetastros, habituados das grades dos parlatórios ou dos pátios dos outeiros, numa vida desocupada, ou apenas enchida com o exercício enervante das rezas diuturnas e das devoções obrigatórias, e com os namoros, os mexericos, as intrigas sentimentais ou outras, a maledicência – que de tudo eram os conventos focos – não era sem dúvida a mais apta para produzir um tipo de mulher capaz de ser a digna educadora do homem. Fora do convento, no lar doméstico, não era mais ativa a sua existência, nem melhor dirigida e empregada a sua atividade. Os costumes orientais, introduzidos pelos muçulmanos na península ibérica, a escravidão, que por muitos séculos nela existiu como instituição legal, se não também a suspeição que o ascetismo católico lançou sobre a mulher, determinaram o papel apagado; e a clausura doméstica da mulher portuguesa. A casa de seu pai ou marido era apenas uma continuação do convento, e às vezes menos aberta que este.

Para avaliarmos bem qual a situação da mulher da antiga sociedade portuguesa, basta-nos ver qual é a concepção que dela têm os seus moralistas. É D. Francisco Manuel de Mello, por seus talentos, realçados pela sua prosápia e teor de vida, um dos primaciais destes. Fidalgo dos maiores e mais alumiados de Portugal, instruído, viajado, sabidíssimo, é, entretanto, o seu interessante livro *Carta de Guia de Casados* (1651) a síntese do caturrismo português a respeito da mulher. Esse amigo e admirador de Margarida de Valois não duvida escrever: "Assim, pois, não nos é lícito privarmos as mulheres do sutilíssimo metal do entendimento, com que as forjou a natureza, podemos sequer desviar as ocasiões de

---

5ª edição), o quadro do estado moral de Portugal na época de D. João III (justamente a do povoamento do Brasil). V. especialmente o que ele diz dos conventos de freiras (p. 40). Leia-se também em Camilo, *Amor de Perdição*, o que era um desses conventos em Vizeu, no princípio do século XIX, e do mesmo autor, nas *Noites de Insônia*, n. 1, janeiro de 1874, os *Subsídios para a história de um futuro santo*, episódio de um conflito entre o arcebispo de Braga, D. Fr. Caetano Brandão, e as freiras daquele convento.

que o agucem em seu perigo, e nosso dano." E mais: "Ainda fico com escrúpulo sobre a lição em que muitas se ocupam. O melhor livro é almofada e bastidor mas nem por isso lhe negarei o exercício deles."[2] "O melhor livro é a almofada e o bastidor" é rigorosamente o resumo da opinião portuguesa no passado, e não de todo extinta hoje, sobre a educação da mulher. E também no Brasil era a opinião das nossas avós e avôs, e não é de todo certo não seja ainda de muitos de nossos pais e de nossas mães.

Para este moralista, como para o seu precursor neste ensino de casados e casadas, Diogo de Paiva de Andrade, também um dos clássicos da língua e do pensamento português, autor do *Casamento perfeito* (1630), a suma das perfeições femininas são justamente as exigidas de uma religiosa, "que sejam caladas e sofridas, escusem os enfeites, se guardem de conversações demasiadas posto que pareçam lícitas." "Como o silêncio", preceitua Paiva de Andrade, "e o sofrimento são circunstâncias tão necessárias para a quietação das mulheres casadas, a boa razão, o discurso mostram que o não fica sendo menos a conversação de pouca gente, pois claro está que quando se lhe encomenda que falem pouco, também se lhe deve encomendar que falem com poucos; e quando se lhe pede que sejam sofridas, também se lhe deve pedir que se guardem de ocasiões que as possam fazer impacientes; e para uma e outra segurança convém que essas poucas pessoas com quem tratarem sejam na língua tão registadas, que com razões pouco importantes lhe não façam perder ou arriscar duas perfeições que tanto importam, como é o sofrer e calar, sem as quais não podem viver quietas, nem bem casadas..."[3]

Tais preceitos parecem antes endereçados a monjas que a senhoras de sociedade, e, como são a síntese da opinião portuguesa do tempo sobre a educação e comportamento da mulher, expli-

---

[2] *Carta de Guia de Casados*, edição de Camilo Castello Branco, Porto, 1873, págs. 118 e 123. Dado o desconto dos tempos, e atendida a relatividade do critério que governava a vida no século XVII e a governa agora, este livrinho, a muitos respeitos encantador, merece ainda ser lido e meditado.

[3] Edição Garnier (3ª) págs. 355, 373, 407. Também esta obrinha é ainda merecedora de leitura e meditação.

cam suficientemente a mulher portuguesa, a sua falta de cultura espiritual, de boa educação, de trato social – e a taciturnidade e tristeza de uma sociedade em que a mulher tinha como virtude não falar.

Estes costumes, como já atrás indicamos, passaram ao Brasil. Aqui também a mulher viveu, ao menos até a metade do século XIX, relegada do convívio dos homens, até seus parentes, enclausurada com as suas escravas e mucamas; nas suas alcovas, novos gineceus, onde as donas de casa, de uma rede ou poltrona, dirigiam os lavores domésticos, daquelas e das próprias filhas a elas juntas, as rendas de bilro, os labirintos, as costuras e os doces. Às salas raro vinham, pois ali mesmo na estância onde de comum assistiam, recebiam as visitas, essas, poucas, só de senhoras, e sempre íntimas. À mesa dos repastos familiares, se haviam convivas, não compareciam nunca. Estes costumes, ainda não há cinquenta anos, eram gerais em todo o Brasil, ao menos no interior. Segundo já referi, muito impressionaram eles a Saint-Hilaire, o mais cabal e escrupuloso e o mais verídico e fidedigno informante da vida brasileira na primeira metade daquele século. E ainda hoje, mesmo nas capitais, até nesta cidade do Rio de Janeiro, onde escrevo nas rodas não de todo transformadas pela influência europeia, vivem os dois sexos, ainda nas reuniões mundanas, separados. À mesa não é extraordinário ver ainda as senhoras sentadas de um lado, os homens de outro e correr um jantar em quase absoluto silêncio, porque a regra da antiga civilidade portuguesa era que "à mesa não se fala."

Para uma sociedade em que a mulher era assim criada e tratada, tornava-se ela principal, senão exclusivamente, um mero objeto de prazer e de gozo. Era apenas o objetivo do amor de que o homem dessa sociedade fizera a sua preocupação dominante. E como a mulher não sabia conversar, nem aprendia a conversar, porque lhe escasseavam os motivos, os assuntos e até as ocasiões de conversação, e esta, de sua parte era sempre, ao parecer dos assistentes, demasiada, os sentimentos afetivos do homem por ela, aguçados pela dificuldade do comércio com ela, reduzia-se ao cabo no desejo dela, cujos encantos para ele se limitavam ao seu físico.

E assim a mulher lhe vinha em última análise a ser apenas um excitante da sua sensualidade. Que sentimento mais fino, mais depurado, mais espiritualizado poderia, senão muito excepcionalmente, nascer entre homens e mulheres que mal se viam, que se não falavam, senão a custo e a medo, que não tinham ensejo e liberdade de trocarem ideias, sensações, opiniões, outra coisa enfim que não fossem os galanteios furtivos, ditos de passagem ou transmitidos pelas mucamas e moleques, os demônios familiares, como lhes chamou o nosso romancista? E não seria esta reclusão, esta defesa imposta à mulher da convivência com o homem, esta proibição de conversação entre eles que, excitando por isso mesmo o sentimento natural, necessário, do desejo recíproco dos dois sexos, feitos para serem os fatores da reprodução da espécie, criou o erotismo e a tristeza que caracterizam o amor na raça portuguesa?

Nesta raça, amorosa entre todas, cuja história sentimental achou a sua expressão num rico lirismo, mais do que nenhum outro exuberante e sensual, e cujo mais alto prêmio, qual o imaginou o seu mais eminente representante, foram as delícias sensuais da ilha dos Amores (Camões, *Os Lusíadas, IX*, est. 54 e seg.) nesta raça que conta tipos como Inês de Castro, Joana Alcoforado, a Maria de *Fr. Luís* de *Souza*, a Teresa do *Amor de Perdição* e todas as heroínas, amorosas até a morte, da tradição, da poesia e da lenda portuguesa, o povo não conjuga nunca o verbo *amar* para exprimir esse sentimento, mas o verbo *gostar*, no qual há muito mais que naquele a revelação do desejo e do prazer físico. Pode-se afirmar que em Portugal e no Brasil o emprego do verbo amar e da palavra amor, no singular, é principalmente literário. É que num e noutro país, por efeito da educação católica, e do monaquismo que foi em ambos um fator da educação nacional; o amor foi sempre tido como um pecado, nunca pôde viver às claras, ser confessado sem pejo, ou sem despejo.[4] Nos dois países, não há ainda

---

[4] Notando o sr. João Ribeiro, na sua *Seleta Clássica* (p. 142) que o verbo amar, "nunca conseguiu popularizar-se "na língua portuguesa, repara também que na língua antiga o plural *amores* muito mais usado que o singular "indicava sentimentos desonestos ou desordenados."

muito mais de meio século, os casamentos, e não só nas altas classes, se faziam a despeito dos nubentes por simples intervenção dos pais.

Quaisquer que fossem as qualidades intrínsecas, se não é pouco galante falar assim, de mulheres deste modo criadas, sem nenhuma instrução (ainda conheci crescido número de senhoras de boas famílias completamente analfabetas), sem nenhumas prendas de espírito, sem convívio social, sem alguma ciência do mundo e da vida, não poderiam elas dar as educadoras de homens que a sociedade atual exige. Quando muito, virtuosas como geralmente eram (e muitas só o seriam por lhes faltar ocasião de o não serem) carinhosas, como são de natureza as portuguesas e brasileiras, e por via de regra todas as mulheres, puderam elas suprir, e muitíssimas o fizeram excelentemente, com os dotes naturais do seu coração, com os impulsos afetivos da sua alma, a carência ou as falhas de outras capacidades de que uma educação mais inteligente as teria provido.

Essa educação é preciso dar-lhes, e somos nós, seus educandos, que temos, pela força das coisas, de dar-lhes.

As necessidades da vida contemporânea, as suas exigências imprescritíveis, mais que as nossas teorias sentimentais ou racionais, vão modificando na nossa sociedade, mais rápida e profundamente do que talvez se carecia, os nossos costumes e hábitos em relação à mulher. O que ainda se discute, ou apenas se ensaia, com ares de ousadia, em países como a França, o ensino misto, a coeducação dos sexos, pratica-se no Brasil há mais de vinte anos, sem que haja dado motivos consideráveis de queixa. As netas de avós que só saíam de casa nas "quatro festas do ano", vivem hoje mais na rua que no lar e se frequentam quase tanto a igreja como o teatro, é porque a igreja, com as suas decorações aparatosas e brilhantes, os seus padres moços e gamenhos, as suas cantoras de teatro e de nomes preconizados nos jornais, a sua música de ópera, os seus barítonos, baixos ou tenores profissionais, celebridades do palco, angariados como um chamariz à devoção galante, é também um divertido lugar de espetáculo, um prazo dado de elegâncias mundanas, um salão. As filhas de mães que não sabiam ler ou apenas liam o seu livro de missa e outras devotas obras, devoram os Bourgets, os Prévosts, os Ohnets e outros clássicos do sentimentalismo francês. As netas de avós que não vestiam senão de preto e modestamente, nem punham na cabeça sobre os seus bandós achatados, outro toucado que um lenço atado sob o queixo, uma coifa, uma mantilha ou, raro, um discreto chapelinho, rivalizam em copiar o vestuário estapafúrdio e esquipático e até as maneiras e gestos despejados daquelas mulheres cujo apelido suas avós nem sequer pronunciavam, por não ter a sua castiça língua portuguesa, única que sabiam, um termo menos indecoroso com que nomeá-las, e que uma senhora pudesse dizer.

Estolidez, porém, seria revoltarmo-nos contra estas modificações na vida da mulher brasileira; elas decorrem logicamente das mudanças ou do progresso, se assim lhe quiserem chamar, da mesma sociedade brasileira. Não me parece fundada a opinião de ser a mulher mais conservadora do que o homem; ao contrário, creio que sendo ela de natureza mais nervosa, de uma sensibilidade mais aguda, como parece, até cientificamente, provado, é por isso mesmo menos consistente, e mais volúvel. Móbil como a onda, chamou-lhe um dos seus maiores poetas, Shakespeare. Esta maior mobilidade, esta maior capacidade de se afeiçoar às circunstâncias e condições de existência, e mudar muito mais facilmente que o homem, de condição e de caráter, donde lhe veio a fama universal de inconstante, e da qual a história e a vida oferecem ilustres exemplos, facilitou no Brasil, como em Portugal, a transformação da mulher dos tempos antigos, a nossa velha "dona" honesta, severa, ignorante e como quer que seja indolente, nas nossas mulheres de hoje, que tocam piano, cantam e representam até em espetáculos públicos, falam francês, e às vezes inglês, vestem como as de Paris, saem sós, fazem elas mesmas as suas compras e os seus casamentos, leem romances, frequentam conferências literárias, não só conversam mas discutem com os homens, jogam nas corridas de cavalos ou nas bancas dos roleteiros, começam a jogar o *croquet* e o *lawn-tennis* e a montar bicicleta em trajos quase masculinos, e principiam a interessar-se pelo feminismo. Mas entre aquela "dona" de outrora e a mundana de hoje a diferença, no fundo, não é tão grande como parece. Toda essa "civilização" é mais superficial que profunda, e procede mais da modista, do cabeleireiro, da costureira, do romance francês, do jornal de modas ou do magazine ilustrado e fútil, do colégio das irmãs de caridade, seminários de elegâncias mundanas, da vida frívola das cidades de verão ou d'águas e do contato direto ou indireto, mas de regra superficialíssimo, com a Europa, que de uma sólida cultura do espírito, que lhe desse da vida, dos seus deveres, das suas obrigações para com a humanidade, do mundo, uma noção mais larga, mais exata, mais positiva e mais completa do que a tinham suas avós.

Ora é isto que a educação nova que devemos dar à mulher, se queremos fazer dela um fator consciente da nossa evolução, e da educação eficaz da nossa sociedade, há de procurar fazer.

A mim me não parece tão difícil como a muitos se antolha dizer qual há de ser essa educação. Todo o programa de educação há de atender a duas condições, o interesse do educando e o interesse da coletividade em vista da qual se faz a educação. O interesse do educando é indicado pela natureza ou emprego da atividade a que ele se destina; o da coletividade, pelas suas condições e prospectos no meio das outras sociedades humanas. A mulher brasileira, como a de outra qualquer sociedade da mesma civilização, tem de ser mãe, esposa, amiga e companheira do homem, sua aliada na luta da vida, criadora e primeira mestra de seus filhos, confidente e conselheira natural do seu marido, guia da sua prole, dona e reguladora da economia da sua casa, com todos os mais deveres correlativos a cada uma destas funções. Nem as há, ou pode haver mais difíceis, nem mais importantes e consideráveis, e portanto, mais dignas e mais nobres, e se houvessem de ser desempenhadas na perfeição requerer-se-iam na mãe de família mais capacidades do que têm de comum ainda os mais capazes chefes de Estado. Se esse ideal, como todos os ideais, não pode ser atingido, nem por isso devemos abandoná-lo, porque, em moral, para alcançarmos o mínimo compatível com a imperfeição humana, havemos de pretender ao máximo.

Como a do homem, com a do cidadão de qualquer sociedade atual, (e a mulher, ainda sem direitos políticos, é o mais prestante dos cidadãos) a instrução da mulher deve ser integral e enciclopédica. Não se quer fazer dela uma sábia, nem se lhe exige que percorra e aprofunde todos os conhecimentos humanos. Bastaria que ela não ignorasse o que nos mais essenciais deles, nas ciências gerais e abstratas, por exemplo, ou se quer em cada grupo lógico dessas ciências, há de essencial para o conhecimento do mundo e direção da vida. De tal enciclopedismo pode dizer-se o que um notável pedagogista, o sr. Gréard, disse do ensino integral nas escolas primárias: não se trata de aprender tudo o que se deve saber, se não tudo o que não é lícito ignorar. Com aquele bom senso profundo próprio dos gênios, deu Molière, nas suas célebres *Sabichonas*, a mais sisuda opinião do que deve ser a instrução da mulher, ainda reduzida ao mínimo necessário ao cumprimento inteligente da sua missão, qual ficou acima indicada. Ouçamos o seu judicioso Clitandro, na deliciosa cena III do 1º ato:

> Et les femmes docteurs ne sont pas de mon goût.
> Je consens qu'une femme ait des clartés de tout:
> Mais je ne lui veux point la passion choquante
> De se rendre savante afin d'être savante.

Qu'une femme ait des clartés de tout, é, numa linha, todo o programa da educação feminina. E se não confunda aqui a justa parcimônia e moderação com a superficialidade. Para que uma mulher não ignore alguma das noções que nenhum homem de média cultura não deve ignorar as principais leis gerais das ciências, nem os grandes fatos de que elas decorrem, os acontecimentos fundamentais da evolução humana ou os fenômenos capitais das ciências do homem e da terra, não precisa que ela se aprofunde e especialize em qualquer delas e menos em todas elas, para o que a sua inteligência, que eu continuo a reputar inferior à do homem, acaso a tornaria incapaz. Meia dúzia de anos da puberdade à juventude, bastariam para, com método e inteligência, dar-lhe essas *clartés de tout* (luzes de tudo, se não traduzo mal) indispensáveis ao exercício racional e proveitoso da sua função social.

Mas como esta função tem de se exercer no Brasil e para o Brasil, vejamos como este outro fim da sua educação poderia ser atingido, já que o nosso escopo é a educação nacional. Se há uma coisa que, em geral, a mulher brasileira ignora absolutamente é o Brasil, a sua geografia (tomo esta palavra na sua mais ampla acepção) a sua história, a sua literatura, a sua cultura. Desde que lê um pouco de francês, e todas as nossas mulheres "bem educadas" o lêm, a mulher brasileira não lê mais senão francês, e certo não é nos romances ou peças de teatro francesas, sua quase exclusiva leitura, que ela aprenderá a conhecer a sua terra. A moda dos colégios das irmãs de caridade e outras religiosas francesas, que leva a esses estabelecimentos a maioria das meninas da nossa burguesia ou pseudo fidalguia, aumenta em grau considerável esta desnacionalização da mulher brasileira, artificialmente educada numa atmosfera, sobre estrangeira, futilíssima, apesar do seu aspecto religioso. De sorte que a última das cousas que a menina brasileira ouve no momento em que se lhe forma o espírito é o que se refere à sua pátria, e se por acaso a sua curiosidade infantil recorrer à sua mãe, que teve a mesma educação, ou não teve nenhuma, o que é porventura melhor, para uma informação, ainda muito geral, ela não a saberá satisfazer. E como à mulher compete dar o tom à casa, ser a alma da família, das conversações, das diversões domésticas, a estimuladora do comércio de ideias e impressões entre os seus membros, aquelas que entre nós forem, pela sua inteligência natural, seu espírito, capazes de o ser, rarissimamente estarão aptas para o serem cabalmente. Tanto mais que o primeiro e mais certo efeito de uma instrução menos comum dada à mulher brasileira é artificializá-la, desnacionalizando-a ou falseando-lhe os melhores dos seus ingênuos instintos nacionais. Inconsideravelmente, por macaquice, e esnobismo, entrará a desprezar as coisas de sua terra, boas ou más, e incapaz de uma seleção inteligente, as refugará todas, com afetado menosprezo, preferindo-lhes as estrangeiras, só por o serem. Antigamente a escravidão, com todos os seus enormes inconvenientes, servia num país sem povo, como o nosso, de traço de união, de mediador plástico, se posso dizer assim, entre a terra, de que o escravo estava mais perto, e os seus senhores, dela e do que lhe estava próximo separados justamente pelo trabalho escravo. As tradições pátrias, a poesia popular, todo o nosso *folklore,* que é a representação emotiva mais genuína da nossa gente e nacionalidade, as velhas pretas, as mucamas, os negros velhos, contadores de histórias e dizedores de crendices e lendas, o transmitiam às suas senhoras-moças e nhanhans e sinhozinhos, e com elas alguma coisa da própria alma da pátria. Conservando-se às vezes nas famílias por gerações, passando de avós a netos, guardavam os escravos as tradições das casas, as histórias das famílias, e as transmitiam de geração em geração, de um ramo a outro. Estes elos, estes fonogramas vivos das tradições familiares, que a sua poesia nativa, bruta, mas comovida, alterava, adulterava, mas frequentemente também embelecia idealizando-a, e que serviam para manter em cada família brasileira a continuidade das tradições domésticas e de estabelecer entre elas e a terra e a gente, das quais a sua fortuna e posição acaso as afastava, a corrente de contato e simpatia necessária à persistência e desenvolvimento do sentimento nacional, estes agentes de comunicação desapareceram com a escravidão. Nas famílias abastadas, ou de posição social relevante, e até em somenos, o fâmulo escravo, familiar, em todo o rigor do termo, doméstico, foi substituído pelo serviçal mercenário, adventício, nômade e efêmero e frequentemente estrangeiro. E assim a desnacionalização da mulher brasileira, começada por uma educação postiça, superficial e exótica, foi continuada pela desnacionalização da sua casa, do seu lar, do seu interior, arranjado, mobiliado, alfaiado e servido à estrangeira. E no entanto não era difícil, com alguma inteligência e gosto, e algum estudo, conservar muitos traços, interessantes e até encantadores, da nossa vida, que lhe dariam um caráter e a livrariam de ser uma simples macaquice ridícula da vida estrangeira, em geral mal compreendida, canhestramente imitada, desajeitadamente copiada.

    Os americanos do norte, que souberam imprimir um cunho próprio a todas as suas instituições, embora as derivando e desenvolvendo todas do patrimônio da sua gente originária, que criaram uma arquitetura sua inconfundível e um mobiliário e um sistema geral de adereço doméstico, também seus, pode dizer-se que criaram igualmente uma mulher sua. Podemos estimá-la ou não, mas não é possível não distingui-la, ainda pelo aspecto físico, da inglesa sua avó, não obstante ela ter conservado muito mais que a brasileira respeito à portuguesa, a pureza do sangue.

A mulher brasileira, qual o foram nossas avós, essa é impossível resuscitá-la ou revivê-la. A brasileira, como a temos hoje, corresponde tanto à nossa sociedade atual quanto aquela à do seu tempo. Como, porém, a nossa situação é transitória e todos – e não finjo uma suposição, antes concluo das manifestações de todos os órgãos do pensamento e do sentimento nacionais – queremos melhorar, favorecendo intencionalmente a evolução brasileira de modo a dar um dia ao nosso país uma posição proeminente no mundo, cumpre-nos começar por melhorar o principal órgão de educação de uma sociedade, que é evidentemente a mulher.

A melhoria da instrução da mulher começou no Brasil vai por um terço de século com a criação das Escolas Normais, para formar professoras primárias. Antes disso, somente as moças de famílias abastadas recebiam alguma instrução, por via de regra deficiente e de aparato, já em casa de seus pais, com mestres particulares, já em colégios também particulares, que há mais de meio século têm existido no Brasil, como uma indústria lucrativa. As que não podiam pagar o caro ensino individual, em domicílio, nem o mais barato, mas pior, que davam esses colégios, não tinham senão os reconhecimentos anexos aos antigos conventos ou orfanatos a estes juntos, ou quejandas instituições mais ou menos pias, leigas ou eclesiásticas, maus estabelecimentos de educação todos eles, ainda quando se recomentavam como instituições de caridade ou religiosas. Os primeiros estabelecimentos de ensino moderno e, não obstante a cadeira de religião e história sagrada que em todos havia, e que o regime da igreja oficial justificativa, leigos, existentes no Brasil, foram essas Escolas Normais. Conquanto especialmente destinadas a formar mestras para as escolas públicas, serviram geralmente à propagação da instrução feminina, pois foi em toda a parte a sua frequência considerável. Tiveram demais outro efeito relevante, acabar com o sistema de clausura que até então prevalecera na educação das moças brasileiras. Pela necessidade de irem à Escola começaram a sair diariamente, e até sós, a se dirigirem, a se criarem e sentirem uma responsabilidade, com o que forçosamente se desenvolveria a sua individualidade, até aí atrofiada por absoluta falta de exercício. Também pôs em contato imediato, num trabalho comum e numa emulação útil, pois em muitas dessas escolas o ensino era misto, dado simultaneamente a moços e moças, os dois sexos que tinham sempre vivido separados, sequestrados um do outro, como inimigos recíprocos. Salvo algum raro acidente, natural em toda a parte onde houver homens e mulheres reunidos, e que os próprios conventos, não obstante a dura regra de separação deles, nunca evitaram de todo, não parece que a moral e os costumes tenham sofrido com essa promiscuidade. Ao contrário, ela não teria contribuído pouco para que os dois sexos entrassem a conhecer-se, avaliar-se e, portanto, a melhor se julgarem e apreciarem, e, principalmente, para destruir em ambos o desonesto critério que sobre as relações entre eles vige nas sociedades como foram a portuguesa e a nossa.

 Não obstante ser deficiente em quase todas essas Escolas Normais o curso de estudos e a maioria delas, senão todas, deixarem muito a desejar como método, disciplina espiritual e moral, a instrução que nelas se dava merece ser contada como um progresso real. E enquanto os poderes públicos brasileiros, já que aqui nada há a esperar de sério da iniciativa particular neste sentido, quer o federal, quer os estaduais, não julgarem dever prover a instrução secundária feminina, criando liceus e ginásios a ela destinados, as Escolas Normais, hoje existentes em quase todas as capitais do Brasil, continuarão a ser os únicos institutos onde possa a mulher brasileira receber uma instrução um pouco acima da primária. Porque, infelizmente, a maioria dessas escolas não são de fato mais do que escolas primárias de segundo grau ou escolas primárias superiores, segundo as classificações pedagógicas, se é que não ficam ainda abaixo desta categoria, nos países em que o ensino público é uma realidade. Nem há que fiarmo-nos nos programas pomposos como os ama a pedantaria indígena. Quem os conhece e pode cotejar a teoria com a prática, e está informado do que é de fato o ensino nessas escolas, sabe que abismo há entre as exigências, comumente até despropositadas, dos programas e o ensino nelas realmente dado.

É bem sabido que, pelo que respeita a programas, o Brasil é talvez o país mais adiantado em instrução pública. Nenhum os tem tão carregados e sobrecarregados de ciência e grávidos de exigências, que não passam jamais das suas páginas natimortas. Os programas das escolas normais francesas e americanas são muito mais modestos que os nossos.

Se nos resolvêssemos a cuidar, na verdade, da educação secundária, que é a principal, da mulher brasileira, cumpriria ou criar institutos especiais de instrução feminina, nos quais o ensino fosse uma realidade e não a fantasmagoria dos nossos programas, ou melhorar as escolas normais existentes, não só para que as mestras que delas saem tenham maior competência, mas para que todas as moças que as queiram frequentar aprendam de fato o que ali se promete ensinar.

Nem era difícil que, sem sacrifício do fim especial dessas escolas, esses institutos já existentes e os que se houvessem de criar se organizassem de modo a servir aos dois fins, formar mestras de escolas, e dar uma instrução geral às mulheres. Tanto mais quando ordinariamente essas escolas indevidamente chamadas normais nada têm que especialmente lhes mereça essa denominação, senão ensino teórico da pedagogia (e em algumas nem isso) do qual podiam ser dispensadas as alunas que se não destinassem ao professorado primário. Quer num, quer noutro caso, porém, a base do ensino devia ser, com a matemática, um pouco além das elementares, a física, a química e as ciências naturais, a língua e a literatura nacionais. O estudo destas duas disciplinas essenciais e reciprocamente complementares de toda a instrução menos superficial havia de ser feito sem o abuso tão nosso de uma erudição gramatical impertinente e ao cabo inútil, porque de regra fica na parte formalística da gramática, sem aplicação prática. Conviria feito na análise dos fatos da linguagem, na leitura e apreciação dos escritores e na comparação dos mesmos fatos, conforme neles ocorrem, segundo as épocas principais da língua e da literatura, de modo a dar às educandas um exato conhecimento da sua língua e apurar-lhes o discernimento, para nela se exprimirem simples mas corretamente, sem as afetações literárias das sabichonas e letradas, mas sem a vulgaridade e incorreção das suas cozinheiras. Um estudo assim feito devia pô-las em contato direto com os grandes autores da nossa língua, poetas e prosadores, educadores da razão, do sentimento, do gosto das gentes que a falam. E por mais pobre que seja, em relação a ideias e noções, a literatura da nossa língua, sempre haveria para elas muito que aprender e colher desse comércio com os seus clássicos. A geografia e a história pátrias, precedidas do estudo da geografia e da história geral e por fim a educação artística, tão completa e elevada quanto fosse possível rematariam o ciclo de tal ensino. Conquanto no das ciências deva prevalecer o da sua parte abstrata, como base de cultura geral, não devia ser inteiramente a ele sacrificado o estudo concreto das mesmas ciências, que, nas físicas e naturais, além de apoiar racionalmente as noções abstratas, é um precioso elemento de educação das faculdades de observação, com a vantagem pedagógica de tornar o estudo mais atraente e agradável. Sábios ilustres, como Paulo Bert e outros, mostraram como é praticamente possível juntar o ensino concreto ao abstrato nas ciências naturais, com o maior proveito da educação das moças. Não se trata de fazer delas físicas e químicas, nem zoologistas ou botânicas, senão de dar-lhes, de cada uma destas ciências, ou antes dos fenômenos do seu domínio as noções positivas, exatas, claras, mais necessárias à compreensão do mundo e da vida e das leis do universo, conhecimentos a que por via de regra são as mulheres inteiramente alheias, e no entanto indispensáveis à sua tarefa de primeiras e principais educadoras do homem. A história geral, principalmente sob o aspecto da história da evolução humana e da civilização, sem o sacrifício total da história descritiva, antes desta acompanhada, serviria para corrigir o que podia ter de estreito o estudo da história pátria, e dar ao educando a consciência da vida e do progresso da humanidade e despertar nele o sentimento da solidariedade humana. Neste livro se diz como a geografia, até hoje entre nós ensinada da maneira mais irracional, pode ser um fator de educação intelectual, em vez de ser uma estúpida sobrecarga da memória.

A literatura, já portuguesa, já brasileira, não convém extremar as duas, das quais uma explica a outra e é por ela completada, abandonaria o sistema até aqui seguido das broncas e enfadonhas, e quantas vezes erradas a e viciosas! notícias biobibliográficas ou sutilezas críticas, pelo comércio direto dos escritores e sua apreciação simples, ingênua, despida de todo o pedantismo escolar.

A educação estética, penso eu que bem dirigida e aproveitadamente feita, será sempre de uma grande eficácia na realização do fim geral da educação. Se uma alma se abre realmente e honestamente ao belo, se o sente, se chega a perceber as suas relações íntimas e necessárias conquanto a comove e enleva, nenhuma outra espécie de educação poderia talvez ser mais útil à mulher. Nenhuma porventura lhe poderia fornecer tantos e tão estimáveis recursos para lhe embelezar e alegrar a vida e o lar, armá-la mais fortemente para resistir às inevitáveis contrariedades da existência, pela contemplação, sentimento e gozo das puras emoções estéticas. Tem, porém, essa espécie de educação também um percalço, que é preciso a todo o transe evitar, e combater como um perigo social, é o cabotinismo, o esnobismo, a preciosidade, a pedanteria artística, vícios que numa mulher são ainda mais hediondos que num homem.

Num instituto como o que imaginamos, essa educação seria dada sob a forma do ensino racional e completo do desenho, nas suas múltiplas manifestações, e segundo a mais moderna e perfeita pedagogia do assunto, aqui ainda mal conhecida, da modelagem em gesso, mesmo da pintura, que substituiriam essa estulta coisa chamada de trabalhos manuais (estulta ao menos como aqui se pratica), e os ridículos bordados e outras desprezíveis prendas, com que se toma às moças um tempo precioso, à toa desperdiçado. Antes lhes ensinassem de verdade a cortar e coser os seus vestidos e a roupa de seus filhos e até a de seus maridos. Da música, solfejo, teoria tão aprofundada e completa quanto possível em dois ou três anos de curso, leitura e escrita, canto coral e até tentativas de composição musical livre. Mas principalmente que este ensino não fosse, como tem sido, e é, puramente mecânico, sem nenhum incitamento à inteligência e ao sentimento da educanda, porém, mais do que nenhum outro, fosse vivo e profundamente inspirado do mesmo espírito que pretende-se incutir. A teoria, a história, a notícia de cada uma destas artes, ou de algumas das suas feições, nos seus diversos momentos, nos seus tipos e obras mais eminentes, seriam objeto de palestras, observações, informações familiares do mestre no momento das aulas. Dar, por exemplo, o mestre uma cabeça de gesso, de Dante, para ser desenhada a *crayon*. Quando a entrega, enquanto acompanha o trabalho das alunas, ou o corrige, e são muitas horas em dias consecutivos que se passam nisso, tem ele ensejo propício para lhes falar no excelso poeta, nos estímulos e na natureza do seu gênio, no seu poema, na sua ação, no seu tempo e depois na sua época. E como Dante, um dos precursores da Renascença, se liga a essa grande época d'arte, que manancial lhe não forneceria esse grande tipo para abeberar essas jovens inteligências de uma pura emoção estética! No ensino da música não era mais difícil seguir o mesmo processo, contanto que em vez de fornecer às educandas ideias e sentimentos convencionais, o mestre tivesse o necessário tato para simplesmente despertar-lhes e estimular-lhes a inteligência na curiosidade e interesse das obras-primas e na maneira de as interpretar com pureza e exatidão, cuja primeira condição é bem compreendê-las e senti-las. Uma educação estética assim dada, que não mobiliasse apenas a memória de conceitos corriqueiros e no ar, sem nenhuma objetivação, e de opiniões feitas, mas de fato ornasse o espírito, despertasse as puras emoções do gozo artístico, criasse uma matéria de simpatia humana e um interesse permanente pela arte, seria, estou certo, um estímulo para uma vida espiritual e moralmente superior, que ainda é a mais forte garantia e a melhor defesa da mulher.

Tudo o mais que lhe ensinassem além deste programa, seria acessório e subsidiário. As línguas estrangeiras, afora a sua utilidade prática imediata, só lhe serviriam como fatores de educação se com elas lhe ensinassem a ler, a apreciar as grandes obras, honra do espírito humano, dessas línguas, e não somente os romances folhetins ou sentimentais dos Bourgets e sócios, ou a se poderem edificar ouvindo as Réjanes e quejandas cabotinas, em jornadas teatrais por países exóticos.

Cumpre, em suma, tirar a mulher brasileira da quase ignorância em que a sua imensa maioria jaz, e dar-lhe as *clartés de tout*, tão sabiamente recomendadas por Molière, naquela das suas obras-primas, que pode ainda hoje servir de breviário às mulheres. Não esqueçamos jamais que é ela a primeira e imediata educadora do homem, e para educar a primeira condição é saber.

Na educação da mulher brasileira reclama ainda a máxima atenção e o maior interesse a sua educação física, essa até hoje descurada por completo.

Os nossos médicos, que não sejam somente repetidores de formulários, poderiam dizer o que é em geral o seu organismo estragado, depauperado e enfraquecido, por uma criação inteligente na primeira infância, o abuso da alimentação sólida e superabundante logo nos primeiros meses, a falta quase absoluta de higiene nessa idade e depois, os carinhos excessivos entremeando-se com excessivos rigores, os excessos das guloseimas e da lambarice, que é um dos nossos vícios mais nacionais, os desmanchos de um vicioso regime alimentício, o velho preconceito nacional de que é vergonha uma moça comer bem, conforme o seu apetite, e com tudo isto, a carência de higiene do vestuário, as roupas apertadas desde cedo, o uso, de péssimo gosto, de vestir meninas como mulheres, e o hábito prematuro do espartilho, bem como o uso permanente dele, arroxado para conter as demasias da carne, nesta terra de mulheres gordas, e para lhes afinar a cintura, com grave dano do seu fígado, do seu útero, dos seus rins, e em geral toda a nossa irracional, estúpida, tenhamos a coragem de dizer, imitação servil das modas europeias, ainda daquelas menos adequadas ao nosso clima e condições de vida, e, portanto, mais funestas às que as seguem.

E não só a elas porém, o que mais e, à sua prole, a que elas inconscientemente transmitem a sua fraqueza as suas doenças, os seus vícios orgânicos. Na educação da mulher, pois, devia entrar como elemento importante o ensino geral da fisiologia humana e da higiene, como aliás se vai praticando já em algumas Escolas Normais, mas ao que parece ainda com graves deficiências e pouco proveito.

À teoria, à doutrina que as devia premunir contra os "pecados físicos", do ponto de vista social tão ou mais graves que os pecados do seu catecismo, convinha juntar os exercícios, não a ridícula ginástica de uma ou duas horas por semana que naqueles estabelecimentos praticam turmas de 50 e 60 alunas (o que daria a cada uma 1 ou 2 minutos por semana), mas os bons e higiênicos e saudáveis jogos e brincos, ao ar livre, em parques e jardins, em que corressem, saltassem, sem o constrangimento das aulas, jogassem a bola, a peteca, a cabra-cega, o chicote-queimado e outras brincadeiras nacionais, e até o *croquet*, o *lawn-tennis* e quaisquer jogos estrangeiros úteis e adaptáveis ao nosso meio.

VIII

BRASIL E ESTADOS UNIDOS

Muito é o que havemos a aprender e mesmo a imitar dos Estados Unidos, mas que isto nos não induza a pormo-nos simplesmente a copiá-los.

Escusa alongar-nos sobre a nossa mania de imitação. A alcunha de macacos com que nos condecoram alguns povos irmãos ou amigos, bem pode ser uma referência topograficamente zoológica, mas calharia também se aludisse ao nosso pronunciado e nem sempre bem inspirado gosto das coisas exóticas.

Sabe-se até que extremo levamos a cópia das modas, dos usos, da literatura e dos costumes franceses. A política era à Inglaterra que arremedava; os usos e tradições e história política da grande nação parlamentar nunca foram em parte nenhuma tão citados como em o nosso parlamento. A prática sabemos nós todos qual era. Atualmente sente-se já que é a grande república norte-americana que nos irá servir de modelo.

Não tenho a estultícia de pretender possa o Brasil bastar-se a si mesmo. Sei que os povos, ainda os mais fundamentalmente originais, não se desenvolveram e prosperaram sem um escambo não só de produtos, senão de ideias, de criações, de invenções, de instituições e até de costumes. O que importa, porém, para conservar à pátria a sua integridade moral e dar-lhe um caráter que a distinga na humanidade e na história, é que essa troca se faça sempre sem prejuízo da sua individualidade, nem sacrifício das modalidades especiais ao caráter nacional.

Portanto, insto, nos devemos penetrar desta ideia, que tendo muito a aprender dos Estados Unidos, não devemos pôr-nos simplesmente a macaqueá-los irrefletidamente. E a eles especialmente me refiro porque, repito, sente-se que eles são quem nos vai servir de modelo. É preciso não confundir a adaptação inteligente, a assimilação perfeita, com a cópia servil ou o arremedo grotesco.

Sejamos brasileiros e não *yankees*.

Eu, confesso, não tenho pela desmarcada e apregoadíssima civilização americana, senão uma medíocre inveja. E no fundo do meu coração de brasileiro alguma coisa há que desdenha daquela nação tão excessivamente prática, tão colossalmente egoísta e tão eminentemente, perdoem-me a expressão, strugforlifista. Essa civilização sobretudo material, comercial, arrogante e reclamista, não a nego grande; admiro-a, mas não a estimo. Esse país novo, onde há fortunas que fazem fantásticas as lendárias riquezas dos nababos, quando o proletariado, com as suas justas reivindicações, já se lobriga através de uma grandeza desmedida, ofende a minha simpleza de matuto chão e honesto. Essa política cruel que veda a um povo a entrada do país, persegue-o e lincha-o; que massacra toda uma raça; que tem uma habilidade especial para adestrar cães contra outra e que, de Bíblia na mão, discute, justifica, aplaude e exalta a escravidão, fere de frente a ideia que da equidade e da justiça tenho. Aquela corrupção política que tanto impressionou Spencer e quantos publicistas têm visitado e estudado os Estados Unidos, repugna ao meu senso moral. Aquele puffismo, aquela charlatanice do jornalismo, com seus títulos enormes, extravagantes, mentirosos, de um reclamo desfaçado e insolente, escandalizam a minha probidade literária. Aquela supremacia brutal das massas, aquele reino absoluto do número, revoltam a minha liberdade espiritual.

Não é a mera satisfação de revelar o meu sentimento sobre alguns aspectos da república que todos admiram, que todos invejam e que todos exalçam, que me faz assim escrever. É unicamente porque, parece-me, este sentimento é natural em todo o brasileiro.

São estes antagonismos nacionais, e não antipatias nacionais, que fazem a cada povo uma espécie de linha divisória que o distingue e diferença.

Admiro grandemente aquele egrégio povo, mas não o invejo e sobretudo – e isto é para nós o principal – não creio aplicável utilmente ao Brasil, quanto lhe fez o progresso admirável, nem quanto os desvanece a eles mesmos.

Tal progresso e tais grandezas são, além de tudo, as resultantes de causas que nos falharam a nós e que, portanto, a simples vontade humana, ou meros atos de governos, são impotentes para criar.

Profundas e radicais são as diferenças que aos dois países distinguem e separam.

Clima, raça, situação geográfica, origem histórica, elementos de colonização, instituições fundamentais, tudo é ali diverso do nosso.

A sua posição geográfica pô-los mais perto da Europa e portanto facilitou-lhes as estreitas comunicações com o foco do progresso e da civilização moderna. O país de origem, consideravelmente mais povoado que Portugal, pôde fornecer grandes contingentes de imigrantes, a quem eram também mais duras as condições da vida na Inglaterra do que aos portugueses na sua pátria, apesar de pobre. Povoado por povos de raça saxônia, atraía não só os filhos da mãe pátria como os da mesma raça. De 1878 a 1887, para citar um exemplo que podia facilmente mediante as estatísticas ser repetido, receberam os Estados Unidos apenas 161.748 imigrantes da Inglaterra contra 214.759 da Alemanha (106.865) da Suécia e Noruega, da Dinamarca e da Áustria.[1]

A abundância de terras e a maior abundância de imigração, como o reconhecem os mesmos americanos[2] bastam, até certo ponto, para explicar esse prodigioso exemplo de rapidíssimo progresso. Nele teve influência poderosíssima e só inferior à daqueles dois fatores, a raça. A prova aí a dão o Canadá e a Austrália, que

---

[1] *The Statesman's Year Book for 1888*, London, 1888, pág. 691.
[2] V. "America's Land Question", in *The North American Review*, nº 351, fevereiro de 1886.

apesar de se acharem em muito piores condições de clima, e a Austrália de posição geográfica também, sem estorvo de serem meras colônias, oferecem ao observador uma marcha progressiva perfeitamente comparável à da grande república.

Como já neste livro dissemos, a nação portuguesa esgotava-se depois dos ingentes trabalhos da conquista d'África, da Índia e do mar, quando começou a colonização do Brasil. Raça minguada, senão de espíritos, de gente,[3] ela não se pôde por assim dizer refazer-se em si mesma e foi o seu organismo fatigado, exausto, *surmené*, que veio num meio físico ainda mais debilitante (lembrar que a colonização se fez principalmente de S. Paulo para o N. e no litoral, sendo da Bahia a Pernambuco o seu centro) criar uma outra nação.

Estas são as causas físicas, materiais, direi, que, como salta aos olhos, poderosamente concorreram para o espantoso desenvolvimento da União americana, que nos maravilha e causa inveja a nós, povo fraco, sentimental, idealista, incoerente – mas bom.

Comparemos agora as origens históricas, os elementos de colonização e as instituições fundamentais dos dois países, e veremos que a diferença cava-se ainda mais.

Não terá talvez toda a razão um notabilíssimo economista italiano quando afirma que "eram tão alevantadas e nobres as razões que trouxeram à América os anglo-saxões, quanto vis os motivos que para cá dirigiram espanhóis e portugueses."[4] É entretanto fora de dúvida que é quase incomensurável a distância entre aqueles que

> So color de religion
> Van a buscar plata y oro
> Del encubierto tesoro

como diz Lope de Vega, e os puritanos que na probidade da sua fé, na austeridade dos seus costumes, na inteireza de suas crenças preferem o êxodo a regenerar os sentimentos e a prática de sua

---

[3] Em 1527, justamente quando estava para começar a colonização do Brasil, a população de Portugal era apenas de 1.122.112 almas, segundo Costa Lobo, *Hist. da Sociedade Portuguesa no século XV*, Lisboa, 1904, pág. 32.
[4] Attilio Brunialti, "Gli Stati Uniti di Colombia", in *Nuova Antologia*, vol. XI, pág. 100.

religião, e vêm plantar na América, em severas colônias agrícolas, a semente fecunda da liberdade e da consciência do direito.

Oh, certo, tem razão o citado pensador italiano quando ajunta que "na vida das nações o pecado original não o apaga nem o batismo de sangue; é preciso que, como nas nações europeias, o encubram as névoas da mitologia pré-histórica.» Nós sofremos ainda desse pecado agravado por outro acaso maior por mais consciente, a escravidão; mas esse também o cometeram aqueles puritanos, quiçá com mais crueldade, e a esses não foi Javé tão inexorável e tão duro... Porém, e perdoem-me esta nota de ceticismo, num livro que deve ser todo fé, todo esperança, "assim é a justiça de Javé, o mundo pertence a quem lhe praz..."[5]

Somente a resolução de deixar a pátria para não sujeitar-se a nenhuma tirania política ou religiosa revê o valor moral daqueles homens. Além dessa austera e corajosa virtude, "traziam consigo", conforme conceitua um dos mestres contemporâneos do pensamento italiano, Pascual Villari, "a igualdade das condições sociais e a igualdade da inteligência, donde devia sair a república democrática."[6] A Tocqueville, o homem que mais profundamente estudou o problema americano, parecia-lhe ver todo o destino da América no primeiro puritano que abordou às suas plagas, como toda a raça humana no primeiro homem.[7] E Villari pensa que todas as leis, toda a fortuna não teriam de nada servido, sem aquele caráter a um tempo democrático e conservador, irriquieto, empreendedor e religioso, amigo do progresso e da ordem."

Se hoje, ainda os escritores mais admiradores e amigos daquela nação, têm de misturar aos seus elogios críticas acerbas e cruéis revelações, nada porventura haveria senão admirar no período da sua constituição. E esse período é, talvez, o mais importante e decisivo na história das nações. Pensando acaso naqueles heroicos e modestos puritanos, escreveu Renan: "Para um povo,

---

[5] E. Renan.
[6] "La Costituzione degli Stati Uniti d'America", in *Nuova Antologia*, vol. XXIII, pág. 419.
[7] *Obra cit.*, tome II, pág. 199.

como para o indivíduo, o essencial é ter um ideal depois si."[8] Esse ideal tiveram-no os americanos sempre presente e é com certeza ainda ele quem hoje, no meio de tão desencontrados elementos e tanto relaxamento dos costumes políticos, sustenta e dá vigor às grandes forças conservadoras e honestas que encerra a república.

A consciência do direito revoltada, foi ainda quem fez a independência americana, como fora ela quem fizera aquelas florentíssimas treze colônias. Nem uma nação ou governo dos modernamente feitos, assenta talvez em bases tão completamente sãs, justas e honradas como os Estados Unidos, como nem uma se pode com tanta justiça desvanecer e gloriar da sua independência. Se, contra o acerto de Renan, há história pura, essa é a das origens nacionais da grande república americana.[9]

Não é azado o lugar de repetir essa história, que não honra somente àquele povo, mas à Humanidade. Todavia, não será porventura inútil relembrar de relance alguns fatos, que só por si nos desenham qual a inspiração superiormente patriótica que à revolução americana dirigiu e rematou.

Foi esta conquista do elemento popular na sua luta primeiro com a nobreza, depois com a monarquia, através da Idade Média e dos primeiros séculos dos tempos modernos: – que não deve pagar impostos quem os não vota – princípio fecundo que fez da democracia não uma aspiração mas um fato, a origem da insurreição que, mediante a revolução armada e combatente, fundou a independência dos Estados Unidos. Eram então só treze as colônias, que no princípio apenas descontentes pela criação de impostos de importação, depois irritados pelo imposto do selo, representaram ao rei, forçando-o pela sua atitude enérgica e resoluta a mudar de ministério. Entretanto, abolidos estes impostos, a Inglaterra, por um *bill* posterior, reconhecia expressamente ao Parlamento o direito de taxar as colônias, direito de que ele usou lançando imposto sobre várias mercadorias por aquelas importadas. Pu-

---

[8] E. Renan, *Histoire du Peuple d'Israel*, Paris, 1887, tom. I, pág. 61.
[9] Não é tanto assim; também lá houve máculas grandes. Veja-se Goldwin Smith, *The United States – An outline of political history*, um *standart book*, mesmo para a crítica americana. (1906)

blicados nos jornais americanos tarjados de luto, estes *bills* indignaram e levantaram doze daquelas colônias, que pelos seus deputados reunidos em Filadélfia resolveram não deixar penetrar no país nenhum produto de procedência inglesa, e lavraram com a narrativa dos vexames sofridos e com os seus protestos, a célebre declaração dos direitos que precedeu de um lustro a famosíssima declaração dos direitos do homem feita pela Revolução francesa.

No deputation, no taxation, foi o lema altivo da revolta e, note-se bem, tão acatado, que lutando com as máximas dificuldades financeiras o Congresso não se atreveu a lançar impostos, reconhecendo que só às assembleias provinciais assistia tal direito, e limitou-se a emitir papel moeda. Um governo que assim começa, sagrando-se pelo austero respeito da lei e do direito, e não inventa as chapas sempre prontas para a mistificação de todos os princípios, qual o safado *clichê* das *épocas anormais*, dá logo a medida do que será a futura república.

A guerra está finda. A independência foi declarada pelo mais belo manifesto que jamais homens redigiram. "Não era a liberdade tempestuosa de Roma e Grécia que reivindicavam, nem tãopouco o privilégio de alguns patrícios; era a prosperidade de todos. Confiam na liberdade, fonte dos bons conselhos e mãe dos grandes homens." Os representantes dos Estados Unidos da América, reunidos em congresso, "tomando por testemunha o Juiz Supremo do universo, da inteireza de suas intenções, em nome e pela autoridade do bom povo daquelas colônias, solenemente publicam e declaram que essas colônias unidas são e devem ser de direito estados livres e independentes... E firmemente descansando na proteção da providência divina, empenham mutuamente, para sustentar a sua declaração, suas vidas, sua fazenda e sua honra."

Firmada a república, decretou o Congresso a dissolução do exército que conquistara a independência da nação, e cujos soldos muito tempo havia não tinham sido pagos por carência de recursos. Esta ordem sofreu primeiro uma ligeira oposição, querendo o exército receber o seu soldo antes de dissolver-se. Washington, porém, reúne os oficiais, faz-lhes sentir o crime de não obedecer às ordens do Congresso, representante da nação soberana. Entrados prontamente no dever, o mesmo Washington reuniu o exército e o licenciou. E aqueles heroicos soldados que, sofrendo todas as privações e fadigas, tinham em sete campanhas consecutivas, com sacrifício das suas vidas e de seu sangue, feito a independência da pátria, não a chamaram ingrata, e retiraram-se tranquilamente à gloriosa obscuridade do doce lar anglo-americano.

No seio daquele mesmo exército tinha antes aparecido a ideia de confiar a Washington a ditadura. A resposta do excelso patriota foi feita em termos que, como diz um historiador, não seria nunca demasiado repetir:

"Com um misto de surpresa e de dor li os pensamentos que me comunicastes. Ficai certos, que no decurso desta guerra nenhum acontecimento me afligiu tanto como saber de vós que semelhantes ideias correm no exército. Devo-as encarar com horror e condená-las severamente. Por agora ficarão elas sepultadas no coração, contanto que novas manifestações não tornem necessário revelá-las. Em vão rebusco no meu procedimento o que pôde acoroçoar uma proposição que a mim parece-me encerrar as maiores desgraças que sobre o país poderiam cair. Se me não iludo, não podeis achar ninguém, a quem fossem mais desagradáveis os vossos planos."

Um povo que tem este ideal no seu passado, tem donde tirar o orgulho nacional que lhe dará a confiança de si mesmo, ao passo que lhe alentará a energia. Podem vir os elementos perturbadores da colossal imigração, o mercantilismo pode-se desenvolver, a execrável sede do ouro pode criar as riquezas sobre-humanas e postergar o velho espírito puritano, honesto, altivo, trabalhador, austero – a nação tem sólida base, aquele ideal ali está a aconselhar a reação e ela se fará, salvando a obra de Washington. Custa muito rebaixar-se, quem possui tais títulos de nobreza.

Certo não é menos nobre o motivo que deu lugar à separação e independência do Brasil de Portugal. A estulta tentativa de recolonização do Brasil pelas cortes de 1820 foi a causa da nossa independência, causa nobilíssima entre todas. Mas é doloroso ao brasileiro assentir que profundamente áulico foi o pensamento político que a incitou e o movimento que a fez. Sem embargo do minguado partido da independência existente no Rio de Janeiro, o povo brasileiro ficou a ela estranho e indiferente, e províncias houve, como a nossa, onde foi à força imposta, isso quase um ano depois de proclamada. O mesmo pensamento dinástico que ao príncipe, ao depois Pedro I, sugeriu o solerte D. João VI, e que principalmente o guiou na conjuntura provocada pelas ordens das cortes, desmerece de muito o merecimento do seu principal fautor. Dessa preocupação originaram-se talvez os erros que depois cometeu como imperador, erros que desde a dissolução da Constituinte, levaram-no ao 7 de abril.

A história se repete, como querem alguns pensadores? Seriam os homocronismos porventura uma lei sociológica ou acaso mero encontro fortuito de acontecimentos? Valerá talvez a pena estudar o problema na história do Brasil. Quando estas linhas escrevo sopra um vento de dissolução prévia de uma Constituinte solenemente prometida, convocada e decretada, substituído o *referendum* das Câmaras Municipais de Pedro I pelo *plebiscito* da República. Não se repita a história até o fim, que a República não tenha o seu 7 de abril... Aos cônsules incumbe acautelarem-se, à República não, essa tem por si o mais forte dos sustentáculos, a sua razão de ser histórica.

A pequena e curta luta, não tanto pela independência já feita, mas contra elementos a ela insurrecionalmente contrários, foi somente no Rio e na Bahia; o resto do país ficou – pelos motivos indicados na introdução – alheio à sua mais importante e decisiva evolução.

Esse passado nunca chegou a ser uma tradição consagrada e querida da nação, e muito menos pode ser um ideal. O fautor da nossa independência o expulsamos, por tentar comprimir as nossas liberdades; o da independência americana, como os lendários heróis romanos, entregando à nação o poder que dela recebera, novo Cincinato, voltou, coberto de glórias e de bênçãos, à sua família e à sua lavoura. O nosso sequer o conhecemos, Washington é, na eloquente frase de Castelar, venerado com amoroso acatamento no seio de todas as famílias.

Entre as primitivas instituições de ambos os povos, existe também diferença profunda. Saídos da ferrenha, se bem que por vezes esclarecida, legislação portuguesa, legislação de uma monarquia que mediante D. João II, chegava com D. João III ao apogeu do absolutismo e cujo caráter intolerante se singularizava na parte respectiva ao Brasil, nós entramos em um regime diretamente filho do filosofismo francês do século XVIII e da mesma Revolução. À nossa Constituição, inspirou-a aquele espírito e, tirante os processos por que os dois poderes legislativo e judiciário eram pelos outros sofismados, poderá acaso servir ao mais democrático dos estados modernos.

Ao invés procederam os americanos. O citado escritor italiano reflete que entre os vários elementos de que se formou a Constituição americana, cumpre antes de tudo considerar as instituições e as leis que às colônias dera a Inglaterra, "às quais os americanos se conformaram o mais que puderam". Dessa Constituição, e nisto são acordes os pensadores que a têm estudado, as partes mais bem-vindas são justamente aquelas que se desenvolveram das instituições preexistentes; as criadas de raiz pelos fautores da Constituição repetidas vezes falharam o seu intento. "A natureza, isto é, a lei histórica de evolução", escreve o professor de Oxford, James Bryce, cuja obra, *The American Commonwealth*, analisa Villari, "neste caso, como sempre, revelou-se mais sábia que o mais sábio filósofo. O espírito conservador e tradicional que herdaram os americanos da Inglaterra, levou-os não só a respeitar o passado mas a constantemente recorrer, como a um modelo, à Constituição e às leis inglesas, das quais eram as suas derivadas."[10] Das ideias francesas não tomaram mais que o espírito moderno, necessário para caracterizar a Constituição, e o conceito de Montesquieu, fundamento e garantia das liberdades e princípio da divisão dos poderes: O poder retém o poder.[11]

O mesmo metafísico dogma da soberania popular que foi a base da nossa Constituição, não obstante a sua origem dinástica, e que é a alma, diga-se assim, da Constituição americana, existia já, conforme o demonstrou Tocqueville, na sociedade americana muito

---
[10] *Obra cit.*, pág. 419.
[11] *Idem.*, pág. 420.

antes da independência.[12] Assim as comunas, assim a polícia, assim o poder judiciário, todas as instituições políticas em suma, são nos Estados Unidos, pelas origens como pelo espírito, pelo caráter e pela organização, profundamente divergentes das nossas.

    Estas diversidades essenciais aos dois países, à sua situação geográfica como à sua situação histórica, ao seu passado como ao seu presente, à sua raça, às suas instituições, aos seus costumes – precisamos ponderar, para não nos pormos, levados pela nossa notória tendência imitativa, a copiar desajeitadamente instituições e hábitos que repugnam ao nosso temperamento nacional.

    Não nos iludamos também sobre os Estados Unidos. Nem tudo ali, já o deixamos perceber, é grandioso e admirável. Naquele maravilhoso quadro há sombras, e no sol da América, como no sol do nosso mundo, há manchas.

    Se no seu tempo pode Tocqueville com verdade dizer que ali eram os pobres que governavam, bem mudados estão hoje os costumes. Os ricos que quando ele estudava, sabe-se com que perspicuidade, a grande república, escasseavam, hoje abundam e dominam. Os *rings*, espécie de sindicatos políticos organizados para a exploração sistemática da coisa pública, fazem concorrência às empresas monumentais da sua civilização sobretudo industrial. A política é despejada de escrúpulos, e talvez como nenhuma sem coração e sem fé. É com singular unanimidade que o reconhecem quantos hão estudado as coisas americanas. A vida política brasileira, por honra e felicidade nossa, ainda não atingiu o grau de torpeza de que geralmente se acusa a americana, mas de desmazelo em desmazelo, de relaxação em relaxação ela irá perdendo o pouco senso moral que ainda lhe resta e, se não a visarmos, cairá ainda mais embaixo. É força reconhecer, com os mais imparciais e atilados pensadores, que essa degradação política é um dos perigos da democracia. Estas palavras com que Pascual Villari a ela se refere, concluindo o artigo que temos citado, merecem meditadas por nós brasileiros. Para nós também, são um útil conselho: "Esperemos que a atual corrupção política americana, originada principal-

---

[12] *Obra cit.*, Tomo I, cap. IV.

mente dos dois partidos, que não têm mais nenhuma razão de ser, seja um período de passagem e de preparação para encontrar o modo de fazer prosperar o governo livre sem os partidos. Se tal sucedesse à América, ela seria duplamente benemérita, de si mesma e da civilização. De qualquer modo nos parece que a presente situação não se pode prolongar. Ou o senso moral da nação reage, insurge-se e rechaça a corrupção política, ou, com o andar dos tempos, difundindo-se esta, deverá acabar por abaixar o nível moral do país. Preferimos acreditar no triunfo certo do bem."[13]

Outro aspecto da democracia americana que merece condenado por todos os espíritos verdadeiramente liberais, como aliás o tem sido, aspecto que precisamos entre nós combater e repulsar, é a onipotência da maioria. Nesse ponto, qualquer dos estados da Europa ocidental é mais livre, mais avançado, mais liberal do que a apregoadíssima democracia dos Estados Unidos. A todos os espíritos livres repugna e revolta essa potência brutal do número, que despoticamente fere a liberdade do espírito, como outras liberdades.

Querem-se por extenso trasladadas as observações do profundo mestre das coisas americanas, o sempre citado Tocqueville, sobre semelhante feição da democracia americana.

"Tinham as monarquias absolutas desonrado o despotismo; cuidemos em que as repúblicas democráticas o não reabilitem, e que tornando-o mais duro a alguns, não lhe tirem, aos olhos do maior número, seu aspecto odioso e seu caráter aviltante.

"Nas mais altivas nações do mundo antigo, foram publicadas as obras destinadas a fielmente pintar os vícios e ridículos contemporâneos; La Bruyère habitava o palácio de Luís XIV quando compôs seu capítulo sobre os grandes, e Molière criticava a corte nas peças que fazia representar perante os cortesãos. Porém, o poder que domina nos Estados Unidos, não consente em ser assim motejado. Fere-o a mais leve censura e a mínima verdade picante o exaspera; deve-se louvar desde as formas do seu falar até as suas mais sólidas virtudes. Nenhum escritor, qualquer que seja a sua fama, pode forrar-se a esta obrigação de incensar seus concidadãos.

---
[13] *Obra cit.*, pág. 446.

A maioria vive numa eterna adoração de si mesma; somente os estrangeiros ou a experiência podem fazer passar certas verdades até aos ouvidos dos americanos. Se a América não teve ainda grandes escritores, não há procurarmos as razões alhures: não existe gênio literário sem liberdade espiritual e não há liberdade espiritual na América. A Inquisição não pôde jamais impedir circulassem na Espanha cópia de livros contrários à religião do maior número. Nos Estados Unidos o império da maioria consegue mais; tirou até a vontade de publicá-los. Encontram-se incrédulos na América, mas a incredulidade, por assim dizer, não acha órgão. Há governos que se esforçam por proteger os costumes condenando os autores dos livros libertinos. Nas Estados Unidos, não se condena ninguém por esta espécie de obras; mas ninguém é tentado a escrevê-las. Não é entretanto por terem todos os cidadãos costumes puros, mas a maioria é regular nos seus. Neste caso, o uso do poder é sem dúvida bom; também não falo senão do poder em si mesmo. Este poder irresistível é um fato constante, e o seu bom emprego é apenas acidental."[14]

A mediocridade característica da literatura e da arte americana, como a demasiada tendência prática da sua ciência – manifestações todas de nenhum ponto comparáveis com as da sua atividade material – são uma resultante dessa falta de liberdade de espírito oriunda também da onipotência da maioria.

Certamente as coisas hoje não são exatamente as mesmas da época referida pelo publicista francês; também neste ponto têm os americanos feito progresso, mas não tão grande que fundamentalmente destrua o vício apontado e ainda agora reconhecido. Não sei se nos Estados Unidos um Byron, um Strauss, um Renan, um Taine, um Carlyle, um Ortigão, um Sílvio Romero ou um Tobias Barreto seriam possíveis. Em toda a formidável controvérsia religiosa o século XX, que justamente nos países protestantes tem ido mais acesa, os Estados Unidos, apesar das suas inumeráveis seitas e seus muitos seminários, salva a quantidade, apareceram tanto como nós. Isto só por si é indicativo e singular.

---

[14] *Obra cit.*, pág. 156. – É de ler todo o capítulo.

Espíritos há – e não sei se não serão os melhores e os mais úteis – que ao direito de votar preferem o de escrever, e à liberdade de escolher um deputado, a de ter uma ideia e a de manifestá-la, fosse embora ela contrária à de todos os seus concidadãos.

Sejamos, pois, brasileiros e não *yankees*.[15]

Conservemos a nossa originalidade, o nosso caráter nacional, os nossos costumes, o amor das nossas coisas. Estudemos os Estados Unidos, estudemo-los não superficialmente como em tudo solmos fazer, mas fundamente. Não nos limitemos à aparência deslumbradora da sua grandeza, penetremos nos recônditos de suas instituições e de suas funções. Só assim veremos o que deles podemos criteriosamente adaptar, e utilmente aproveitar. Muito, muitíssimo será o que nos poderão eles ensinar, mas, por amor da nossa pátria, não aprendamos senão o bem e, sobretudo, não nos ponhamos a macaqueá-los sem discernimento, nem vergonha, fazendo-nos, nós que temos o direito de ser um astro soberano, um mero e modesto satélite da república enorme.[16]

A grande autoridade acima citada, que com simpatia só igual à capacidade, estudou-a minuciosa e profundamente, diz com superior razão: "...não considero as instituições americanas, nem como as únicas, nem como as melhores a adotar por uma democracia."[17]

Imitemo-la, porém, desde já, no amor que lhes mereceu sempre, desde o início de sua vida nacional a educação popular. Foi essa a preocupação máxima dos patriotas daquela nação.

Acolá não foi somente o governo, mas a nação toda que tomou a si a causa patriótica entre todas da instrução nacional. As-

---

[15] A nossa profecia, de que iríamos macaquear os Estados Unidos, e as nossas apreensões dessa imitação, realizaram-se além da nossa expectativa. O ideal de certos próceres brasileiros é neste momento de nos pôr na vassalagem virtual da poderosa República. (Agosto de 1906).

[16] Ocorre citar aqui a justa observação de Eliseu Reclus no seu magnífico livro da geografia do Brasil:
"A Constituição brasileira, com haver imitado quase servilmente a dos Estados Unidos, não dará aos brasileiros o espírito anglo-saxônio; cada artigo da Carta há de ser interpretado segundo o modo de pensar, as tradições, os costumes e as paixões dos sul-americanos filhos de portugueses." Os fatos confirmam plenamente o juízo do eminente geógrafo.

[17] *Obra cit.*, Tomo II, pág. 109.

sociações, congregações, generosíssimos particulares, doadores magníficos, puseram ao serviço dessa causa seus esforços, seu trabalho, sua propaganda, sua fortuna ou sua boa vontade. À competência de esforços e dedicação, o governo federal, o governo dos estados, os municípios, os cantões e, acaso mais que todos os poderes públicos, a iniciativa individual, ergueram ali a instrução a um ponto tal de ser citada e tomada como modelo em todo o mundo civilizado. Em dez anos somente, de 1866 a 1876, os donativos particulares à instrução sobem a mais de 60 mil contos de réis![18] Peabody, Hopkins, Cornell, Vassar e dezenas de outros, fundam ou dotam largamente universidades, colégios, academias, escolas e institutos de educação e ensino de toda a sorte.

Imitemo-los nisso, mas não vamos até querer, como apareceu num dos projetos de constituição federal, entregar exclusivamente à iniciativa particular a instrução pública, quando essa iniciativa não existe no país, e quando isso é antipático ao nosso temperamento nacional.

---

[18] Apud Rui Barbosa, *Obra cit.*, pág. 32.

CONCLUSÃO

É preciso ser profundamente otimista ou profundamente indiferente, para não ver quão grave e perigosa é a situação do nosso país, num período do qual depende todo o seu futuro. A sorte das Cassandras, sei, é não serem cridas: abstenho-me, por isso, de fazer claras as minhas profecias e de manifestar as causas dos meus receios, que aliás a nenhum homem medianamente avisado escapam.

Tais perigos, que ameaçam a um tempo a liberdade e a integridade nacional, certo não será o revezar dos partidos, apenas distintos pela alcunha que se dão, nem as constituições plebiscitadas ou outorgadas, que os hão de conjurar, porque os produz a nossa falta de sentimento nacional, a nossa triste indiferença, a nossa carência de espírito público, a nossa fraqueza física e consequente imbecilidade moral, e a nossa ignorância.

Louis Couty, o malogrado espírito que com tanta perspicácia aplicou às nossas questões sociais a sua sagacidade científica, dizia da nossa população, que a sua situação funcional podia resumir-se em uma palavra: o Brasil não tem povo. E após haver estabelecido com precisão de homem de ciência os dados donde tirava essa para nós tristíssima e, ainda mal, verdadeira conclusão, rematava com este aflitivo corolário: "conseguintemente o poder pessoal, o poder moderador, resumido em um homem, impõe-se ainda ao Brasil."[1]

---

[1] *L'Esclavage au Brésil*, Paris, 1881, pág. 87.

Embora escritos há dez anos, estes conceitos, aos quais o advento da república veio trazer a confirmação dos fatos, são ainda hoje reais e verdadeiros, por isso que, ao invés da afirmativa do poeta, com o rei se não muda o povo.

Não há país civilizado, não há nação livre, não há cultura, não há grandeza nacional, não há democracia, não há república – senão quando há um povo que tem a consciência da sua força, dos seus deveres e dos seus direitos, em suma, que possui isso que o romano chamou civismo, e que nas nossas sociedades modernas chamamos espírito público.

Sem iludir-me sobre as virtudes acaso exageradas da educação, sem julgá-la como certa escola, hoje decadente, uma panaceia, acredito entretanto que somente a educação – no sentido mais amplo e alevantado desta palavra e desta coisa, pode conjurar os perigos a que aludo.

Educação física que regenerando a nossa raça, nos dará com o vigor necessário para a luta material da existência, a consciência do nosso valor pessoal, do qual se formará o nosso valor coletivo e se alentarão as nossas energias morais.

Educação moral, educação do caráter, pelo combate a todos os vícios que nos minam e deprimem, e sobretudo pela educação do sentimento do dever, mais necessário e, ouso dizer, mais nobre que a indisciplinada reclamação dos direitos. Porque a liberdade é menos o exercício dos direitos, que o cumprimento dos deveres, do qual nascem os sentimentos da responsabilidade e da solidariedade humana.

Educação intelectual, por último, que nos dará os elementos indispensáveis ao progresso, à civilização e à grandeza das nações, e nos armará também contra as empresas dos sofistas de toda a casta e contra as ilusões de certas doutrinas e teorias tão boas de medrar no feracíssimo solo da ignorância popular, e finalmente:

Educação nacional, que resumindo todas estas, fá-las servir ao bem, à prosperidade, à gloria e à felicidade da pátria, para que esta não seja apenas um nome na geografia, mas tenha um papel.

Não somente à Escola cabe a tarefa da educação assim entendida senão a todas as forças e órgãos sociais: à Família, às Religiões, ao Governo, à Política, à Ciência, à Arte, à Literatura.

Pensador livre em Religião, em Filosofia e em Política, o autor deste livro não pertence a nenhuma igreja, a nenhuma escola, a nenhum partido. Perante a sua pátria, que estremece, e perante a sociedade a que pertence e à qual procura servir como entende melhor, é apenas, no belíssimo dizer bíblico: "um homem de boa vontade."

Foi com a boa vontade de servir o seu país que escreveu este livro, acaso inútil.